*«Sofort einsetzendes
Geselliges Beisammensein»*

Gneisenaustraße 2 · 10961 Berlin
www.transit-verlag.de

Umschlaggestaltung, unter Verwendung
eines Fotos (1973) von Renate von Mangoldt
und Layout: Gudrun Fröba, Berlin
Druck und Bindung: Pustet GmbH, Regensburg
ISBN 3-88747-198-9

UWE JOHNSON

«Sofort einsetzendes Geselliges Beisammensein»

Rechenschaft über zwei Reisen

Herausgegeben von Klaus Baumgärtner

: TRANSIT

INHALT

* *Herausgebernotiz*: Der Titel vereinigt vier Briefe Uwe Johnsons an Klaus und Sabine Baumgärtner, deren Hintergründe die Skizze VEREINSGOTT, FREUNDESBANDE, REVUEFORM von Klaus Baumgärtner illustriert. Die Zwischentitel wurden ergänzend eingefügt. Die Brieftexte – zu 15 Blatt, 5 Blatt, 5 Blatt und 24 Blatt DIN A4 – sind durchweg sehr sorgfältig mit wenigen verstreuten Korrekturen direkt in Maschine verfaßt. Eindeutig übersehene Schreibfehler wurden stillschweigend berichtigt, alle sonstigen originalen Schreibweisen und Besonderheiten der Textform jedoch stehen gelassen. Viele der Bezeichnungen, Umschreibungen und individuellen Eigenwilligkeiten bedürften einer Erläuterung. Auf derartige Kommentare unmittelbar in den Textverlauf hinein wird aber wohlüberlegt verzichtet. Einige der fraglichsten Ausdrücke finden sich am Schluß vom Gesamttext aufgelöst.

Erster Brief

DIE REISE 1972

Friedenau in Böhmen am Meer
28. November, 1972

RECHENSCHAFTSBERICHT

über eine Reise zur Familie Klemm
und anderen im Stadtkreis Leipzig
vom 22. bis 26. November 1972

dem Ehepaar Baumgärtner, Stuttgart,
freundlich zugedacht.

Liebe Sabine, lieber Klaus:

auf dass ihr werdet wie die Kinder: und malt es euch aus.

Die wissenschaftliche Vorbereitung der Reise umfasste ein Studium der Fahrplanstrecke 600, Berlin-Leipzig/Halle-Erfurt-Eisenach, den Erwerb dreier grossjähriger Fahrtausweise sowie auch dreier Platzkarten im Wagen 3 des D 274, ab Ostbahnhof 14:19, an Leipzig 16:40.

Die wissenschaftlichen Hindernisse begannen im Ostbahnhof um 14:05 mit einer Durchsage, die eine Abfahrt in dieser Station aufkündigte und auf die von Flughafen Schönefeld verschob. Die passende S-Bahn fuhr statt um 14:10 um 14:12, so dass sie die Station Schönefeld erreichte um 14:42, als der D 274 abfahren sollte. Schwer bepackt huschten die Leute über die Treppen auf den hölzernen Querbahnsteig zum angegebenen Niedergang, wo sie von gleich zwei Beamten auf einen noch weiteren gewiesen wurden. Dort stand ein Zug, zur Hälfte aus Doppelstock-, zur anderen aus gewöhnlichen Wagen bestehend, und die Aufsicht rief die Kunden als "liebe Fahrgäste" zu grösserer Eile auf. Als auch Elisabeth eine Tür geentert hatte, war sie nur bewusstlos am Leben.

Die Hindernisse wurden fortgesetzt durch die Kennzeichnung eines der Doppelstockwagen, im hinteren Zugteil, als Nummer 4. Davor und dahinter hatten solche Schilder gefehlt. Im Inneren des Zuges, im Teil der konventionellen Wagen, kam die 4 noch einmal vor. In einem Durchgang lagen zwei Nummernschilder am Boden, jeweils die 2. Durch anhaltendes Suchen nach der uns vorgeschriebenen 3 gelangten wir bequem an die Spitze des Zuges und wollten uns wenigstens auf die Kopf-Qualität des Bahnhofs Leipzig freuen, wenn wir schon falsch sitzen mussten.

Die Freude zu unterstützen, unternahm ich eine Reise zur Getränke-Ausgabe, auf den Eintrag im Fahrplan vertrauend. Das Buffet befand sich im Doppelstockteil, von uns getrennt durch eine verschlossene Tür und blanke Puffer. Diese Aufgabe wurde gelöst durch einen Dauerlauf in Jüterbog, von der Spitze

des (2)

Friedenau in Böhmen am Meer,
28. November, 1972

RECHENSCHAFTSBERICHT

über eine Reise zur Familie Klemm
und anderen im Stadtkreis Leipzig
vom 22. bis 26. November 1972

dem Ehepaar Baumgärtner, Stuttgart,
freundlich zugedacht.

Liebe Sabine, lieber Klaus:

auf dass ihr werdet wie die Kinder: und malt es euch aus.

Die wissenschaftliche Vorbereitung der Reise umfasste ein Studium der Fahrplanstrecke 600, Berlin-Leipzig/Halle-Erfurt-Eisenach, den Erwerb dreier grossjähriger Fahrtausweise sowie auch dreier Platzkarten im Wagen 3 des D 274, ab Ostbahnhof 14:19, an Leipzig 16:40.

Die wissenschaftlichen Hindernisse begannen im Ostbahnhof um 14:05 mit einer Durchsage, die eine Abfahrt in dieser Station aufkündigte und auf die von Flughafen Schönefeld verschob. Die passende S-Bahn fuhr statt um 14:10 um 14:12, so dass sie die Station Schönefeld[1] erreichte um 14:42, als der D 274 abfahren sollte. Schwer bepackt huschten die Leute über die Treppen auf den hölzernen Querbahnsteig zum angegebenen Niedergang, wo sie von gleich zwei Beamten auf einen noch weiteren gewiesen wurden. Dort stand ein Zug, zur Hälfte aus Doppelstock-, zur anderen aus gewöhnlichen Wagen bestehend, und die Aufsicht rief die Kunden als «liebe Fahrgäste» zu grösserer Eile auf. Als auch Elisabeth eine Tür geentert hatte, war sie nur bewusstlos am Leben.

[1] Die Zeichen [1], [2], [3] bis [32] liefern den sonst anders nicht vorgegebenen genauen Bezug auf den folgenden Teil «Zweiter Brief: Berichtigungen und Nachträge».

Die Hindernisse wurden fortgesetzt durch die Kennzeichnung eines der Doppelstockwagen, im hinteren Zugteil, als Nummer 4. Davor und dahinter hatten solche Schilder gefehlt. Im Inneren des Zuges, im Teil der konventionellen Wagen, kam die 4 noch einmal vor. In einem Durchgang lagen zwei Nummernschilder am Boden, jeweils die 2. Durch anhaltendes Suchen nach der uns vorgeschriebenen 3 gelangten wir bequem an die Spitze des Zuges und wollten uns wenigstens auf die Kopf-Qualität des Bahnhofs Leipzig freuen , wenn wir schon falsch sitzen mussten.

Die Freude zu unterstützen, unternahm ich eine Reise zur Getränke-Ausgabe, auf den Eintrag im Fahrplan vertrauend. Das Buffet befand sich im Doppelstockteil, von uns getrennt durch eine verschlossene Tür und blanke Puffer. Diese Aufgabe wurde gelöst durch einen Dauerlauf in Jüterbog, von der Spitze des Zuges zum hinteren Teil, unter anfeuernden Rufen des Begleitpersonals: Junger Mann, steijn Se ein, mr wolln abfahrn! Der Buffetraum bestand aus zwei unteren Teilen des Wagens, gegen die hinteren mit Segeltuch verhängt. Vor der Theke und auf der angrenzenden Bühne fand eine Kundenversammlung statt. Mann aus Aue erklärte sawjetskij offizer: Maja schenzina natschalnik; me budet po-russki. Ein Junge aus den frühen Erzählungen Hemingways schnitt den Erwachsenen mit Blicken die Augen aus. Von der Familie getrennt, betrachtete ich mit grösserem Entsetzen zwei Schilder auf dem Boden:

`Berlin`
`Putbus, und Rostock`
`Warnemünde,`

wohin wir gar nicht gewollt hatten. Nach Dauerlauf in Wittenberge zum vorderen Zugteil, das Erworbene zwischen sechs Fingern (– Kuck mal, der hat Radeberger!), fand ich Kind und Weib gleich hinter der Lokomotive. Elisabeth war enttäuscht von der Limonade, die sie bestellt hatte, und tröstete sich mit dem Kognac[2], den ich in der Hosentasche für M 3.75 mitführte. Dann kamen wir gleich nach Einnahme des Mittagessens[3] in der Dunkelheit des Ägyptischen Hauptbahnhofmuseums von Leipzig an und Béla sagte: Da seid ihr ja!

Nach einem roten, aber sonst nicht gekennzeichneten Klingelknopf in der Strassenbahn gefragt, gab Béla diese Auskunft: Nun ja, wenn mal jemand deine Frau belästigen sollte –. Ob ihm dies als Zweites eingefallen sei. Nein, nur falls ich des Belästigers nicht Herr werden sollte. Könnte man ja der Triebwagenführerin klingeln. Missbrauch werde schwer bestraft.

Jan Béla Klemm, vom Hauptbahnhof bis in die August Bebel-Strasse: Wo habt 'n ihr die Hose? Er hatte sich solch Nietenzeug so herzlich gewünscht, er wäre bereit gewesen, es in der Strassenbahn anzuprobieren. Leider war sie dazu zu voll besetzt.

In dem Klemmschen Hause wohnten früher ausser dem bekannten Stadtrat noch ein Polizeipräsident, ein Medizinal- und ein Kommerzienrat (noch viele andere Würdenträger, versteht sich, aber diese gleichzeitig!). Der Kommerzienrat versah die Arbeiter der Strassenbahn so pünktlich und ausreichend mit pourboires, dass die Haltestelle tatsächlich vor die Nummer 32 gelegt wurde. Bélas Erbe aus der Zeit der Kaiser Wilhelm-Strasse kassiert er ein, indem er nun nicht nur die 5 und 24 benutzen kann, sondern auch die 10, 11 und 28, die wegen Bauarbeiten in der Adolf Südknecht-Strasse an ihm vorbei müssen (Ab Koburger Strasse zuschlagpflichtig[4]).

Vom Foyer der Klemmschen Wohnung gehen in westlicher Richtung ab: das Entree[5], die Küche, Bad/WC, das vormalige Zimmer[6] der Genossin Trauma, nunmehr Jans; in südlicher Richtung: das Fernsehzimmer; in südlich-östlicher Richtung: Bélas Zimmer (verschlossen, teilweise überspannt); in östlicher Richtung: Frau von Jaeckels Zimmer (das Wohnzimmer) und Ines Zimmer. Im Fernsehzimmer werden Gäste untergebracht.

Béla sieht fast jeden Abend fern[7]. Um sich zu entspannen.

Bélas Verhältnisse sind superb[8]. Er ist auf Jahre hinaus ausgebucht.

Seine Frau: Ja, aber manchmal kannst du die Miete nicht bezahlen.

Béla: Das kommt nur davon, dass du ein Postscheckkonto hast! Wisst ihr: sie bringt alles Geld bar nach Hause, und gibt's mir. Am Monatsende, wenn ihre Lebensversicherung und all das abgebucht werden soll, hat sie kein Geld auf dem Konto. Wer muss es dann hintun? Kein Wunder, dass ich dann die Miete nicht habe!

Die Miete beträgt etwa M 135.

Der hintere Balkon, an der Küche, sollte abgebrochen werden. Hat sich das Haus gewehrt, wurden die Holzstützen durch stählerne ersetzt. Das dazu verwendete Gerüst steht jetzt seit fünf Vierteljahren hinter dem Nachbarhaus.

Bei aller Aversion gegen Autos, jetzt könnte Béla eines brauchen. In Prag hat er nämlich mehrere Rollen Fussbodenbeläge[9] für seine Küche liegen. In der Bahn nähmen sie ihm das am Ende weg. Das Gespräch geht wohl auch schon fünf Vierteljahre.

Béla war eben grade noch in Zwickau. Ein hochbetagter Onkel konnte nicht ansehen, wie die Gattin von Verkalkung des Hirns in die Nähe der psychiatrischen Abschliessung getrieben wurde, und vergiftete sie und sich mit Gas. Bei der Beisetzung liess Béla auch die Urne mit der Asche der Genossin Trauma umstellen.

Ein Genosse aus der C.S.S.R. äusserte sich über die Aneigung nein die Abneigung der literarischen Behörden gegen die Verwendung des Wortes «zeitbegrenzt». Weil es doch auch in Verbindung mit den zeitweilig stationierten Truppen vorkomme.

Zu den dienstlichen Obliegenheiten Frau von Jaeckels gehört es, in den Neuauflagen sprachwissenschaftlicher Bücher die Vorworte umzubauen. Es ist eine geringfügige Sache. «Deutschsprachig» soll es heissen, nicht deutsch, jeweils.

Kommt allerdings Maos Grosser Sprung vor, empfiehlt sich eine Anfrage an die HV. Die HV erklärt neuerdings, und dies wird von Jake als Öffnung empfunden: dass sie nichts erkläre; es müssten die Genossen Verlagsleiter solche Fragen reifer Weise allein entscheiden. Indessen gilt es als günstig, beim Eintreten einer Katastrophe bei der HV einen Brief liegen zu haben.

Der Genosse aus der C.S.S.R. wollte neuerlich zum Gespräch beitragen. So habe er sich in Prag eine Hose gekauft. Das Geschäft sei zu einer Änderung nicht bereit gewesen.

Wofür kennt man also einen Schneider Nähe Badeanstalt, der solches genau so gut übernimmt wie kleine Schmuggeleien? Will der Genosse die Hose abholen, ist der Schneider wegen der Schmuggeleien verhaftet. Wendet der Genosse sich im Verlauf von anderthalb Jahren mehrmals an die zuständigen Organe und meldet Verlust einer Hose. (Der Genosse schmuggelt selber). Hat der Schneider seine Unterhaltung durch neue Verhöre. Kriegt der Genosse schliesslich seine Hose aus dem Magazin der Staatssicherheit, oder etwa eine ähnliche. «Der Mantel des Ketzers» war ihm nicht geläufig.

Grüsst ja ehemals Bekannte auf den Brükken über die Moldau, obwohl er weiss, dass sie vorgestern noch in Haft waren, und obwohl sie wissen, dass er weiss, dass sie vorgestern erst entlassen wurden. Alles nicht so einfach, selbst wenn die Verurteilung ausgesprochen wurde wegen nicht menschlichen Verhaltens in den Zeiten Stalins. Alles so einfach nicht.

Béla hat auch einmal etwas verloren, nämlicherseits seine Schlüssel. Steht vor der Wohnungstür, klopft auf seine Taschen, findet die Schlüssel nicht. Geht wie betäubt nach unten, äussert etwas gegenüber der Hauswartfrau, Beliebiges offenbar. Ruft seine Frau an. Das komme nur davon, dass sie immer den Müll nicht runterbringe. Die ganze Familie, was das angehe. Er werde jetzt sofort … Frau von Jaeckel, von Betriebsklima umgeben, rät ihm, doch lieber in Ines Schule zu gehen. Béla erkundigt sich nach der Adresse. Auf der Schulleitung will er Leute in weissen Kitteln gesehen haben. Weiss auch, warum er die Schlüssel verloren hat: in beiden Manteltaschen befinden sich Löcher, Pflichtvergessenheit seiner Frau. Wo er doch alle Öfen heize[10]. Findet seine Ine, nötigt ihr die Schlüssel ab, fährt nach Hause. Will Tür aufschliessen, kann nicht. Die Hauswartfrau hat für ihren lieben Herrn Klemm die Wohnung mit dem Schraubenzieher geöffnet. Béla steht davor und befingert zerstreut seine Herzgegend[11]. Fasst unter seinen Mantel und findet in der Brusttasche des Anzuges die eigenen Schlüssel. Konnte er ja vorher nicht, da die Brusttasche des Mantels etwas höher sass.

Weil alles so vergnüglich sei in der Unterhaltung, blieb der Genosse aus der C.S.S.R. bis um 3 Uhr in den Donnerstag hinein, und Herr Taube schaffte ihn nach Hause, damit er pünktlich um 10 Uhr schon eine Stunde in Markkleeberg geschlafen habe, wenn er seiner Frau auf dem Hauptbahnhof von Dresden gegenübertritt.

1966 hatte Béla Institutsverbot. Wer wird denn so eine Kündigung gleich ernst nehmen. Er behielt einen Schrank in dem Zimmer, das inzwischen seinem Nachfolger diente. Hatte zu Hause nicht genug Platz für Bücher. Da er den Schrank verschlossen hielt, versuchte die Leitung des Instituts ihn zu erziehen und liess den Schrank öffnen, angeblich auf der Suche nach anstaltseigenen Büchern. Neben Bélas Büchern wurden Ansichtspostkarten aus dem kapitalistischen Ausland gefunden, genauer aus dem Ostseebad Dahme / Ostholstein. Die Karten nahmen in bildlichen Darstellungen auf Bélas sexuelle Vorstellungen Bezug, waren jedoch an seine private Adresse adressiert. Da er sie aber in seinem gekündigten Institutsschrank benutzte, wurde er pornographischer Neigungen, ebensolcher Propaganda sowie auch undurchsichtiger Ordnungsprinzipien angeklagt und des Hauses mit unbeschränkter Frist verwiesen.

Béla ist der Vertraute der Hausmeisterin. (Sie besucht alljährlich die Besitzerin im Süddeutschen und mag eine seiner Bezugsquellen sein.) Die Hausmeisterin geht zu ihrem lieben Herrn Klemm, wenn eine Scheibe im Treppenhaus zerbrochen ist oder eine fremde Mülltonne im Vorgarten steht. Zwar beseitigt er den Schaden nicht, aber er hört ihr mit wohltuendem Verständnis zu. Wiederum nicht zu vertraulich. Ein Herr, mit Herz. Ein Herr, der auch gern erzählt.

Sie redet ihn leider, wie die Postbotin, mit «Herr Klemm» an. Ob sie das mit Professor Prinzlinger im Hochparterre auch täte? Aber nein, da könne man unten ein Schild mit einem «Dr.» vor seinem Namen anbringen so oft man wolle!

Und heizt und heizt und heizt.

Morgens benutzt er Tabasco als Gewürz. Zu allen anderen Mahlzeiten Sojasosse. Er wolle nichts sagen, aber im Grunde könne er mit Sojasosse als einziger Speise auskommen. Sei doch ungemein nahrhaft: Sojabohnen, Sojaöl etc.

«Speise» ist für Béla aber in Wahrheit das Wort für Speisekammer.

French dressing ersetzt nicht Sojasosse.

Morgens mögen die anderen aufgewärmte Brötchen essen, für Béla muss es ein kaltes sein. Dies wird beidseitig mit Butter bestrichen, sodann so zugeklappt, dass Rand genau auf Rand liegt. Dies erfordert mehrmaliges Probieren. Der so zubereitete Gegenstand wird in den Kaffee getaucht und mit mehr Lutschen als Kauen verkleinert. Wenn man dies «ditschen» nenne –

so doch wohl eher in Annäherung an eine Ahnung vom Sächsischen als an eine Kenntnis davon: sagte Frau von Jaeckel.

– Sehr richtig: versetzte Béla.

Wenn der Genosse Fröhlich früher gestorben wäre, stünden etliche stattliche Wohnhäuser hinter dem Gewandhaus noch, und womöglich das Gewandhaus selbst. Was haben wir da jetzt? Einen Haufen Sand! Was haben wir da jetzt?

Manchmal hat Béla an seelischer Bedrängnis gelitten, die aus Schwierigkeiten mit der Arbeit rührte.

Nicht aus den Besuchen des Hausfreunds, der Frau von Jaeckel immer während seiner Abwesenheit besuche. Da habe er keine Sorge, Ine weiche den beiden nicht von der Pelle.

Auch habe er Sorgen mit der Platten-Lagerung.

Jans Sächsisch: zwickauisch mit leipziger Einsprengseln.

Jan spricht über Tod und Leben lieber mit Béla.

Béla nutzt die Abwesenheit seiner Frau im Angestelltsein für den Eindruck der Kindergartenleiterin, nur der Vater kümmere sich um dies Kind.

Ine spricht über Leben und Liebe lieber mit Erika.

Ine ist jetzt in der Freundinnen- sowie auch Tshaikowskij-Phase. Sie ist ihrer Mutter dermassen ähnlich, dass man sich am dritten Tag in der Anrede leicht vertut (der Mutter gegenüber).

Als die Genossin Trauma ihre Arbeit verlor, veränderte sie sich zum Schwierigen hin. Unter diesen Umständen fand Herr Bernt Richter aus Hamburg es angemessen, auf einer offenen Postkarte etwas zu schreiben von Anständen mit Älteren, die auch er gehabt habe. Darauf verweigerte die Genossin Trauma ihrer Schwiegertochter lange die verbale Kommunikation, und zu einer gründlichen Versöhnung ist es offenbar nicht rechtzeitig gekommen.

In der vorigen Woche reiste Herr Dr. Bierwisch mit seiner Mrs. Doherty auf dem Luftwege in die C.S.S.R. ein. Die Grenzbehörden des Platzes Ruzyne verglichen das Foto im Ausweis mit Jakes Bart. – Für uns sind Sie das nicht: sagten sie. Die Vertreterin der Interflug kannte das schon, es sei auch Ekkehart Schall zugestossen. Es liege eben alles an Jake seinen Berlinern (Grenzposten)! Jake wollte wissen, bis zu welcher Länge denn seine Haare Anstoss erregten. – Fangen Sie nur nicht noch mit den Haaren an! Nach zwei Stunden wurde eine Haarschneidemaschine aus Prag herangebracht, und da sie für einen Bart nicht recht taugte, griff der Flughafenkommandant ein, ganz tapsig unter seinen schweren Orden. Er ging mit Jake in eine Herrentoilette und machte mit der Maschine beidhändige Angriffe auf den Bart. Er lichtete ihn bis zur halben Menge, ging dann jedoch, offenbar aus Furcht vor der Pressefotografie, einen Spiegel in die Herrentoilette holen. Ganz weg war der Bart nicht, als Jake mitsamt seiner Ähnlichkeit passieren durfte. Was soll Jerry Katz schon gesagt haben! – Incredible! Ridiculous! hat er gesagt. Jake empfindet das Vorgehen der tschechoslowakisch-sozialistischen Behörden als einen verständlichen Rache-Akt, jedoch kommt ihm andererseits metropolitan vor, was in der D.D.R. so gefällig ist.

Vorher bekam ich die Leviten gelesen. Wenn man ein Reisekader ist wie James, werden ihm die Vorschriften gezeigt. Sie verbieten jeden Kontakt ausser dem schriftlich aufgetragenen. Da James das wusste, rief er uns von der Uhlandstrasse an und nannte die Adresse, unter der er in London zu erreichen war. Da wir ihn zu erreichen suchten, brachte ihm der britische Poststreik eure und meine Post nach Dresden, zu seinem Schaudern. Das war nicht das Schlimme. Das Schlimme war, dass er mit gutem Recht nicht versuchte, das in London noch benutzbare Telefon zu einem Kontakt mit euch zu benutzen, da er solche Kontakte ja nicht aufnehmen darf, und dass er dann in Dresden ein Telefongespräch aus Westberlin annehmen musste, das lediglich aus der Anrede «Du Arschloch» bestand. Hingegen war nicht eigentlich die charakterliche Qualifikation schlimm, sondern dass da jemand in Westberlin offenbar von Kontaktmöglichkeiten wusste, die James doch nicht hatte weitersagen dürfen. Zwar wurden sie nicht spezifiziert in diesem dann auf sein Bitten fortgeführten Telefongespräch, es hätten irgend welche sein können, das will Jake noch zugestehen. Aber als Reisekader kann man sich dergleichen eben nicht leisten, selbst wenn aus der Tonbandaufzeichnung des Telefongesprächs hervorgeht, dass der Bürger Menzhausen ja die verbotenen Westkontakte herzhaft abgewiesen hat. Zwar wollte er ohnehin nach Moskau zur Zeit unseres Besuchs in Leipzig, er gab dies Jake als Nachricht für mich mit: Vor so einer Person habe er Angst, und er wäre nicht mal in seiner Freizeit in eine Leipziger Wohnung gekommen, in der er mich vermuten muss. Angst, und nicht nur vor den unbeherrschten Reaktionen einer solchen Westperson, sondern vor ihrem Westcharakter als solchem auch.

Eine Nachfrage nach der Qualität meines Fehlers ergab unter den Versammelten ein langwieriges Schweigen.

Dann sagte Jake: Man müsse James' Standpunkt verstehen können.

Und Béla: Es sei eben zum Aussuchen. Ob man das Eine wolle, oder Besuch.

Folgte ein Seminar zwischen Jake und Elisabeth über deren erste Eindrücke von Leipzig. Sie war tatsächlich schon zwei Tage da.

Der Universitätsturm in Leipzig[12], eine etc.

Von einem ähnlichen in Jena: Seid verschlungen, Millionen!

Wenn eine von Häusern befreite Strassenecke oder auch nur ein Stück Erde zwischen Brandwänden mit Gras bepflanzt ist, spricht Béla von einem «Schmuckplatz».

Wenn Bloch und Eisler 1937 gemeinsam Aufsätze geschrieben haben, in welcher Form wird man sie also drucken in der D.D.R.

«Es hat auch schon mal Einer gewagt, über Penderecki[13] herzufallen.»

Anders als Jake vermutet hat Béla nicht mehr Zoff mit der Franz Mehring-Buchhandlung. Nur dass er dort eben nicht mehr Rechnungen bis in die Fünfhundert auflaufen lassen darf. Sie legen ihm die gewünschten Bücher schon nicht mehr zurück, sie legen ihm die hin, bis er endlich das Geld hat.

Jake und der Backfisch mit dem arbeitspsychologischen Problem, und wie der Teenager am nächsten Morgen gleich mit einem fünfjährigen Kind an seine Wohnungstür kam.

Am 8. Dezember feiert Hauptmann Bunge eine neue Eheschliessung mit einer Germanistikstudentin namens Gudrun. Es werden nur die engsten Freunde gebeten, und sie rechnen mit sechzig Personen.

Am Sonnabend fuhren wir alle nach Sesenheim, ausser Ine, die bei ihrem Tshaikowskij bleiben wollte. (Béla verträgt das Üben nicht gut, und an den Mittagen von Sonnabend wie Sonntag versucht er es zu unterbinden).

Wenn jedoch die Berufsleipzigerin Erika von Jaeckel im Verein mit der Bewusstseinsleipzigerin Elisabeth um 12 Uhr damit beginnen, auf dem Fusswege über Schleussig, Plagwitz, Leutzsch und die Burgaue bis 16 Uhr das Sesenheim zu gewinnen, so finden sie sich bei einsetzender Dunkelheit in den südlichen Laubwäldern nahe der Lauer, und nicht nur müssen sie sich den Weg zur 28 (zuschlagpflichtig) weisen lassen, sie brauchen dann noch einmal Auskunft über die Aussteigestelle in Möckern und sind um 17 Uhr tatsächlich an Madame Bierwischs Kaffeetisch[14].

Es gab Kuchen aus Apfel, Erdbeeren, Weinbeeren und dazu Bélas beiläufigen Bericht von seinem Auftritt im Fernsehen der D.D.R. Hatte da in einer Gesprächsrunde Plagiat, Entlehnte Melodie etc. abzuhandeln. Die andern alle behinderter (um es negativ auszudrücken) als er, und an den Wiederholungen war er auch nicht schuld. Fünf gut bezahlte Minuten. Vergass die Sache dann und sah Jahre später in Bad Berka zufällig ins Fernsehprogramm. Nun konnte er es schon mal betrachten.

Es war eine Sendung für die Schule, so gegen 10 Uhr morgens. Bélas Frau fand ihn nicht gut.

Béla war das ganz neu. – So, so?

Sie erinnerte ihn an die gemeinsame Rezension, die zwar auch schon Jahre her sei.

– So, so? Und du fandest mich nicht gut?

Sie fand ihn einen langweiligen Lehrer ohne Humor. Damals.

Béla bewies augenblicklich, dass er Kritik sehr wohl auszuhalten vermöge, nämlich wenn sie von ihm rührt, und holte eine ekelhafte Erinnerung hoch. Er habe sich zu fett gefunden.

Als Selbstkritik: Zwanzig Pfund abgenommen seitdem.

Wenn Béla bei kaltem Wetter einen Besuch macht, bittet er den Hausherrn um Hausschuhe, entledigt sich seiner Treter, streckt sich mit den geliehenen auf der Couch aus. Versucht der Hausherr neben ihm Platz zu nehmen, wegen Mangels an Stühlen, rührt Béla sich kein bisschen und versichert: er liege bequem, nur keine Umstände! Am Schlusse des Besuchs gibt er dem Hausherr die Wärmlatschen zurück und trägt nach: Am Anfang seien die eiskalt gewesen, kälter noch als die Füsse, Ehrenwort!

Béla traut seiner Frau bereitwillig zu und will es den Gästen nicht noch ins Gesicht sagen, dass sie alle zusammen den kleinen Kratzer von seinem Pfeifenbesteck entfernt und in den Müll geworfen haben. Schüttet alle seine Abfalleimer (er hat welche für 3 Zwecke) auf den Küchenfussboden[15], kniet sich daneben und beginnt zu fummeln, unter Bemerkungen wie: appetitlich sei dies nun eben nicht, und dergleichen. Eine halbe **Stunde** später kehrt er zurück in das Wohngebiet und findet auf dem Bette seiner Frau das vollständige Gerät. Es fehlt nichts. In solchen Momenten hält er den Nacken, als käme gleich die Katze Schicksal und trüge ihn davon.

Soll er uns mal sagen, was sie gemacht haben mit dem Kiosk rechts vor der Oper, dem selben, unter dem das bequeme WC war? Soll er uns das mal sagen, ha! Das haben sie abgerissen.

Am Abend des Samstag kam Frau Brigitte Zeibig zu Besuch, wiss. Mitarbeiterin am Institut für Weiterbildung mittleren medizinischen Personals in der Berliner Strasse zu Potsdam.

Westgespräche im Dienst sind nun verboten, weil sie doch zu mehreren in einem Zimmer arbeiten. Könnte der Hörer am westlichen Ende doch mitbekommen, dass im Bereich Frankfurt an der Oder zwei Bademeister fehlen und die Frage des Nachwuchses eine ungewisse ist. (Bademeister gehören zu denen, für die sie Lehrpläne aufstellt.) Für so gut hält die D.D.R. die Schaltqualität ihrer Leitungen.

Von der Geschichte mit «diesem Herrn Bierwisch» kann sie inzwischen «gelassenen Sinnes reden», und offenbar auch in dem Stil jenes Herrn Bierwisch.

Auch von anderen Geschichten.

Am Sonntagmorgen die letzten Traumbilder: WIR MÜSSEN SCHON JETZT DARAN DENKEN, ZUM FEST DER FAMILIE FREUDE ZU SCHENKEN. Und wie der Pilzkenner Béla auf dem Genuss selbst gesammelter Pilze bestand, schon weil sie seiner Frau verdächtig schienen, bis er auf der Wartebank im Krankenhaus aus der Giftlethargie hinübertaumelte in die Gewissheit, er werde nun sterben, seine Frau hoch über sich im Kreis wirbelte, ihr Grüsse an die Kinder auftrug und in einem fort schrie: Ich verabschiede mich von dir! ich verabschiede mich von dir![16]

Aus der Tafel in dem Klemmschen WC:

....
Das Papier darf nicht grösser sein als diese Tafel.
...... und wird jede Reparatur, die nicht auf nathürliche Handhabung[17] zurückzuführen ist, auf Kosten des Miethers gemacht werden. Der Besitzer.
BERNH. JEREMIAS, LEIPZIG-GOHLIS

An unserem letzten Morgen wurde das Klemmsche Vaterherz innig erschüttert. Sohn Jan nahm eine Konditorware und stippte sie in seinen Tee, lutschte daran, stippte abermals, und alles so geschickt, dass er nicht die abgestossenen Krümel mit zierlich stechendem Löffel aus dem Getränk fischen musste wie doch sein Vater. Béla sprang auf in seiner übermenschlichen Rührung[18], lief in das eigene Zimmer und kam zurück mit einem Lexikon, aus dem er uns allen vortrug, dass das Ditschen oder Titschen mit Tätscheln verwandt sei und in fernerer Linie auch mit Zärtlichkeit!

Am Vormittag übten Vater (Flügel) und Tochter (Geige) eine Sonate von Telemann.

– Von Thälmann, glaub ich: sagte Frau von Jaeckel, denn tags zuvor war die Schule in der Marschnerstrasse so umbenannt worden. Es muss an ihrer schweren Erkältung gelegen haben, obwohl Béla solche Erkrankungen (bei ihr, bei ihr!) auf nichts zurückführen will als massierten Besuch, zum Beispiel in allen Messeperioden, ausgenommen allerdings die der letzten Frühjahrsmesse.

Nach der Melodie des Saar-Liedes zu singen: Der Hei - ei - zer kommt!
Denn er hat sich ein kleines Licht angemacht
und den Bürgern damit die Wärme gebracht!

Béla beschafft sich seine Briefmarken im Selbstverkehr.

Als Béla in zwei Milchkannen «Bier lose» holen ging, schrieb ich euch etwas ab aus den Anzeigenfenstern an der Kästnerstrasse. Das eine war voll mit Autowünschen, das andere zeigte Gesuche auf Wohnungtausch, bot Hausrat an. Darunter: Suche / Darlehen / in Höhe von 500.- / gegen gute Sicherheit / u. Zins. An B 702 müsst ihr schreiben.

Wir kamen, und Jan wusste noch nicht, wie sein Bürgermeister funktionierte. Wir waren fast schon abgefahren, und nunmehr wusste er zumindest, er müsse keine Angst haben, dem Polizisten leipziger Geld (im Gegensatz zu unserem «berliner») zu zeigen, «weil dies is ja auf unserem Lande»[19].

Für die Edition Peters V.E.B. hat Béla nicht nur Briefe Schönbergs an den Verleger von damals herausgegeben, sondern auch Elisabeth ein Belegstück geschenkt! das ist mehr als Jake von sich sagen kann.

Für Reclam hat er die Musikkritiken von Debussy und Shaw herausgegeben. In den Vorworten kommen «abominables», «vorab», «fluchtartig» wie gehörig vor. Von Debussy heisst es: «Er verdiente sich damit etwas Geld, es mag dem oft mittellosen Musiker nicht unwillkommen gewesen sein».

Mit Anmerkungen und Register brachte die Shaw-Ausgabe M 1200 [20].

Von der Debussy-Ausgabe (Klemm) fehlen nur noch zwei Bände. In Vorbereitung: Ausgaben von Gottschalk, Fauré, Satie. Von den Mahler-Partituren ist die der VI. fertig. Er ist tatsächlich bis 1980/82 ausgebucht. Für diese Arbeiten bekommt er ein monatliches Fixum von M 400, am Jahresende sollen allenfalls auftretende Überschüsse verrechnet werden. Solchen Überschuss erwartet er ab 1973.

Ausser dem wird man ihn an der Gesamtausgabe Eisler des Deutschen Verlages für Musik beteiligen. Das klingt so vage, weil es so ja bald nicht mehr heissen kann, sondern etwa: Verlag für deutschsprachige Musik. Und einmal ist ein Eisler-Aufsatz von Klemm, Leipzig, abgelehnt worden durch den 1. Sekretär des V.D.K. (Verband Deutscher Komponisten & Musikwissenschaftler), Herrn Nathan Notowicz, den Nachlassverwalter Eislers. «Der ist nun auch tot». In Staub mit allen Feinden Eberhardts! Witwe Notowicz gibt Eisler-Stücke nicht ab ans Archiv, «dies nur nebenbei». Das war, als Hauptmann Bunge die Herausgeberschaft jenes Eisler-Sonderheftes von Sinn & Form zurückgab, so dass, aufgemerkt nun also! jenes Periodikum ohne Angabe eines Herausgebers erschien und Herr Girnus, alles nicht so einfach, Bélas Aufsatz in eine gewöhnliche Nummer tat und der aus ahnbaren Gründen früher erschien als das Sonderheft! und eher die erbetenen Diskussionszuschriften an sich zog. Unter diesen eine ordentliche und eine vom berliner Lehrstuhlinhaber für Musikwissenschaft, Brockhaus, mit so infamer Manipulation der Zitate Bélas, er hat gleich einen offenen Brief geschrieben. Er ist nicht veröffentlicht worden, aber Brockhaus hat ihn, wie anders, gelesen. In der einen Version heisst es, Brockhaus wolle sich «gütiglich» einigen mit Klemm, Leipzig, aber wenn dann Jake gekommen ist, soll Brockhaus schon gesagt haben: wenn Klemm nicht stille halte, brauche er bloss einen Knopf zu drücken, und Klemm seien sämtliche Hähne im Republikmass-stab abgedreht! Dies vorausgeschickt, bestellte der Deutsche Verlag für Musik bei Béla eine Bildmonographie über Eisler, und zwar, ohne ihm die Bilder vorzulegen. Klemms erste Fassung von 40 Seiten lehnte der Leiter des Beirats für die Eisler-Ausgabe ab, hingegen hat er die erweiterte Fassung von 65 Seiten «enthusiastisch kann man wohl sagen» begrüsst. Diese fand der Verlag nun wieder unlesbar, unvolkstümlich, weil sie «zuviel Information» enthalte, und die Herren reduzierten sie «eigenmächtig» auf 40 Seiten, auf andere 40 allerdings, aber Béla brauchte ausser dem Geld. Also überarbeitete er sie, «stilistisch», nämlich er stellte verstümmelte Anschlüsse wieder her, setzte an die Stelle von Verschlimmbesserungen solche Worte, wie wir sie erwarten und uns denken können. Das ist jetzt in der 1. Korrektur, und nicht zu vergessen ist Béla mit der Steffie Eisler befreundet.

Der Deutsche (da ist es wieder, dieses tückische Wort) Kulturbund Berlin plante auch eine Broschüre über Eisler. Kurzer Hand hat Béla seine 65er Fassung noch mal überarbeitet, in ganz anderer Weise stilistisch versteht sich, mit Werkverzeichnis und Chronologie versehen, so «geht das jetzt über die Bühne».

Pläne für 1973: Das Mahlerbüchlein für Reclam abgeben. Sowie auch für das Jahrbuch für (national nicht spezifizierte) Musik, in dem er vorher schon Mahler und Webern darlegte, «endlich den grossen Aufsatz über Charles Ives» anfertigen.

– Ach Béla: sagt seine Frau betrübt: von dem Ives-Aufsatz redest du schon, seit wir in dieser Wohnung sind.

Sie möchte den gern geschrieben sehen, und Béla sagt: So, so? Ach?! Naja! Es muss etwas mit den seelischen Bedrängnissen (siehe oben) zu tun haben (und nicht mit dem Hausfreund!).

1974: zum 100. Geburtstag Schönbergs «eine Art ‹Schönberg heute›» schreiben. Radikal anders als vor 10 Jahren noch denkbar. Ein bisschen durch die Brille Eislers. General-Abrechnung! trotz grosser Reverenz.

Rowohlt in Reinbek ist mit Béla im Gespräch über eine Schönberg-Monographie und hat ihm neulich den Entwurf eines Vertrages geschickt. Béla hatte noch nichts geschrieben. Das traf sich gut, denn gleich darauf (einen Tag später) bekam er vom Büro für Urheberrechte einen drohenden Brief, Gefängnis und dergleichen, wegen eigenmächtiger Versendung eines Manuskripts in Feindesland. Streng schrieb Béla zurück, und beschämt liessen sie verlauten: Sie hätten ja nur gemeint[21].

«Dann müssten wir ja so zu sagen alle mit Rowohlt brechen.»

Wenn er von einem wissenschaftlichen Manuskript nachweisen kann, dass es in der D.D.R. keinen Verleger gefunden hat, ist er automatisch ermächtigt, es einem in der Bundesrepublik D. anzubieten. Reclam würde ihm solchen Kohlen- (statt Persil) -Schein ausstellen, aber erstens hat Béla ja nichts geschrieben, bisher, und dann müssten sie mit Rowohlt ja so zu sagen –

Hanser in München trat heran. An Klemm, Leipzig. Wegen einer Essay-Sammlung: Eisler, Ives, 2 Mahler. Müsste Béla ja noch erst was in der Republik veröffentlichen. Und schreiben.

Es dürfte doch eine allgemeine Erfahrung sein: da komme man aus den Ferien zurück. Merke die Erschöpfung. Könne sich nicht hineinstürzen in die Knochenmühle. So dass er lieber erst mal eine Woche Dostojewski lese, ein wenig Beethoven durchspiele. So erholend dies sei, es verlange alles seine Zeit.

Hanser in München wünscht sich ausserdem von Klemm, Leipzig, eine Schönberg-Chronik. Da aber das Archiv in den U.S.A. aufzusuchen wäre …

Überhaupt muss Béla nun erst mal nach Ungarn. War schon zweimal an einem Nachmittag auf der Polizei.

Jake spielte während der ihm bekannten Teile des Verfahrens mit kleinen Kunstbändchen aus Westdeutschland und fragte endlich, wo Béla die herhabe. – Ja! sagte Béla zögernd: wo bringe ich das eigentlich immer her – ?

Wozu benutzt Béla eigentlich ein Deodorant? Erst einmal benutzt er keins. Das, wo «for men» dranstehe, benutze seine Frau. Das andere hingegen, nun ja, warum nicht. Er benutze es für seine Achselschamhaare.

Bitte Béla um einen Pfeifenreiniger, und er wird sagen: Ja, weisst du. Sind bei uns Mangelware, und dann, kurz wegwerfend: Aber ich hab welche. Willst du einen?

Zu Elisabeth spricht er von einem Voitech.
Sie sagt: Den kenn ich noch.
Béla: Du kennst den?
Sie: Ja.
Béla: Wirklich? Du kennst den also! Woher?

Es ist die Rede von einem Buch. Bei uns ist es durch einstweilige Verfügung vom Verkauf ausgeschlossen[22]. Béla sagt: Aber ich habs.

– Für solche Sätze gibt Béla ein Vermögen aus: kann Jake dann stöhnen. Jake stellt sich manchmal allein auf in Bélas Zimmer und versucht den unmässigen Bestand wenigstens zu schätzen. Es gelingt ihm nicht.

Béla benötigt nicht einmal Herrn Taubes Verfahren[23]. Der kennt jemand aus Schulzeiten und seitdem fast gar nicht. Von dem in dessen Eigenschaft als Zollkommissar bekommt Herr Taube jene Bücher, die er nicht bekommen soll, zugeschickt mit eingelegtem Zettel: Herzl. Gruss, Fritz.

Béla hat ein Karussell, in dem bewegt er Wien, Warschau, Budapest, Moskau. Folgt eine Geschichte über Bélas komponierenden Freund in Moskau.

Zwei Stunden vor der Abfahrt, und wir sehen Béla noch einmal an. Das ist der, der verwand es nicht, dass «die Weiber» zu einem Spaziergang aus der Wohnung gingen ohne ihn zu fragen (wohlweislich: sagt Elisabeth: er wäre doch hin- und hergerissen gewesen wie der Hund Percy!). Noch bei Bierwischs wollte er nicht wissen, wo seine Frau sei. Wie könne er das wissen. Sie habe sich ja nicht einmal bei ihm abgemeldet. Nicht schlicht abgemeldet habe sie sich!

Das ist der, der wechselte seinem Sohn die Windeln und wusch sie aus. Jeder berufstätigen Frau eine erhebliche Hilfe, der Mann.

Inmitten seiner Gesten versteckt. Da sie obendrein entlehnt sind, kaum entdeckbar.

Nachdem seiner Frau Zimmer nun drei Tage lang als Aufenthaltsraum, Wartezimmer und Vortragssaal benutzt worden war, machte er auf recht verwunderte Weise den Vorschlag, doch auch einmal sein Zimmer in Gebrauch zu nehmen. Da steht jedoch nur ein winziges Cafehaus-Arrangement an der Bücherwand, zweisitzig.

Béla bekommt des öfteren begeisternde Zuschriften. Sic.

Ab und an kam Jan durch und fragte nach den Gründen. Warum hast 'n du Hosenträger? Vater, warum müssn die denn fahren? Mutter, warum soll ich'n das essen?

Ist hingegen ihm eine Frage nicht willkommen, hört er die Erkundigung freundlich und grossäugig an und verzieht keine Miene, geschweige den Mund. Nach einer Weile kehrt er zurück und bringt die Sache noch einmal zur Sprache: Warum hast'n du mich das gefragt?

Geht es an die Erfüllung eines Versprechens, gewinnt er wiederum neuen Ausblick auf die Welt: Warum muss ich 'n das halten?

Vielleicht hindern ihn die Umgangsformen im Kindergarten, Namen gleich aufzufassen. Katharina war für ihn du und die da. – Warum muss'n die da jetzt schlafen? Es wurde ihm ein wenig erklärt, und vor lauter Nachdenken lag er ganz still da. Unverhofft sagte er vor sich hin ins Dunkel: So! Und schlief ein.

Als Ine zum ersten Mal dastand in den Hosen von Levi Strauss, sagten wir fast einstimmig: Die passen.

Jan muss man von Zeit zu Zeit ein wenig hochheben an seinem Gürtel und ihn von neuem abfüllen in den Nietenbeutel.

Jan hat es gern, wenn er an den Beinen in die Luft gehalten wird. Nach dem zweiten Mal sagt er, als zitiere er Bachofen: Dreimal darf man.

Béla wird eine grosse Abrechnung mit Adorno[24] veranstalten.

Vom Genossen Hager, der gegenwärtig die Dogmatiker in der C.S.S.R. berät vermittels einer Kommission für Kultur und Ideologie, wird der Ausspruch überliefert: Nun seid doch nicht so dogmatisch, Genossen!

Auf dem Wege in die August Bebel-Strasse hat Jake einen obszönen Anblick erlebt, und es schüttelt ihn jetzt noch. Es war nicht, dass Karl Eduard Vonschnitzler im Hotel Deutschland zu Gast war, sondern der Name des Hotels.

Es gab Huhn zum Abschied, und obwohl Elisabeth es mit Bélas in Essig gewässerten Knoblauchziebeln anzurichten gedroht hatte, schmeckte es ein wenig nach Huhn. Nur Jake sagte: Wer in der Woche mehr als zehn KIM-Eier isst, wird penicillinresistent. (Kombinat Industrielle Mast.)

Solche Weisheiten werden Jaken verpasst in diskreten Seminaren zur Weiterbildung in der Philosophie, nur für gehobene Angestellte der Akademie der Wissenschaften der D.R. (Analog müsste die Bahn R. heissen.) Es wird dort in blanken Worten besprochen, ob etwa die Existenz objektiver Schwierigkeiten die Bildung eines sozialistischen Bewusstseins behindern könne. Von uns will Jake dann wissen, ob er das für Naivität (Naivetät) oder Zynismus halten solle.

Béla gemäss füge ich hier ein, dass das Wort von den tausend kleinen Dingen eingeschlagen hat. Ich habe Geschäfte gesehen, die versprachen «1000 süsse Dinge» oder waren ein Haus der «1000 Dinge». Nur Herrn Ulbrichts entscheidendes kleines Adjektiv fehlt; vielleicht gesteht man ihm trotz des Plagiats einen Rest Copyright zu.

James wohnt in einem Hause, das heisst «Waldidyll», sieht so aus und wird als solches beschrieben.

Béla bringt die Rede auf alte Zeiten, auf seine Vorlesungen über die Sinfonien Mahlers, die abschlossen mit dem jeweiligen Hinweis: Wer nun noch an den Sinfonien selbst interessiert sei, möge gelegentlich ausserhalb der Dienstzeiten ... Béla verteidigt sich mit Genuss. Und seine Frau sei Zeuge.

– Damals hab ich dich doch verachtet: erinnert sie ihn sanft.

– Aber dann, dann hast du mich nicht mehr verachtet, ha!

– Daran hat doch die Vorlesung nichts geändert: teilt sie ihm verständnisvoll mit. In diesem Satz waren alle Worte gleichmässig betont.

Um siebzehn Uhr standen wir vor Bélas Haus. Es war ein arbeitsfreier Tag, und dennoch war diesmal kein Mensch beim Aufbau und Errichten von Fernseh-Antennen zu beobachten.

Béla wusste Bescheid über die Klemmstrasse, zu der eine Strassenbahn[25] fährt. Die heisse nach ihm. Wir gaben ihm flugs einen Forschungsauftrag, die Genealogie bis ins fünfzehnte Jahrhundert betreffend. Möglicher Erbschaftsansprüche wegen.

Als wir am Hotel Deutschland[26] vorbeifuhren, wurde Jake ermahnt, sich nicht nach Obszönitäten umzusehen, und er tat's nicht.

Béla hatte uns die Aussicht auf die Reise mit dem Karlex («Karola-Express») verschönt mit dem Hinweis, grade vorige Woche seien mit einem solchen Triebwagenzug 26 Menschen ums Leben gekommen. Der Karlex stand fast pünktlich auf Gleis 10.

Da er aber zu spät abfuhr, mussten wir zu lange am Fenster stehen, umdrängt von wildgewordenen Westberlinerinnen in Pelzmänteln, und die Familie Klemm ansehen. Béla hielt seinen Sohn recht hoch vor der Brust. Das muss er noch ein wenig üben.

Jake erinnerten die schmalen Fensterschlitze an etwas. – Ich bin doch hier nicht im Knast: sagte er und besorgte uns einen Tisch im Speisewagen.

Dort liess Jake, zutraulich wie er ist, sich verwickeln in eine Erkundigung nach der ideologischen Begründung für die Existenz zweier Wagenklassen. Ausser dem bekannte er, ein Psycholinguist zu sein.

Vom Ostbahnhof fuhr Jake zu seiner Mrs. Doherty, die sich eines Schnupfens wegen hatte die Haare waschen müssen und so an einer Gegenüberstellung verhindert war. Jake hatte von Leipzig aus noch zweimal mit ihr telefoniert[27], und immer wenn er das tut macht Bélas Frau die Tür ganz fest hinter sich zu. Er habe viel zu erzählen: kündigte Jake an und verschwand auf dem Alexanderplatz.

Um 21 Uhr waren wir in unserer westberliner Residenz und schon vier Stunden lang nicht mehr[28] - [32] in der August Bebel-Strasse 32 in Leipzig-Süd.

Sincerely yours,

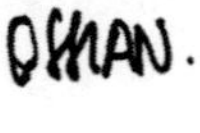

Zweiter Brief

BERICHTIGUNGEN UND NACHTRÄGE

Friedenau, am Rathaus
1. Dezember, 1972

Liebe Sabine, lieber Klaus,

hier bekommt ihr, worauf ihr bestehen werdet, nämlich die

BERICHTIGUNGEN & NACHTRÄGE
zum Reisebericht Klemm und Umwelt

zwar nach bestem Wissen und Gewissen, jedoch ausdrücklich als Mal-Vorlage.

Zu den Seiten

(1) STATION SCHÖNEFELD Von solidarischer Seite werde ich darauf hingewiesen, die Republik verstehe diesen Bahnhof als Zentralflughafen Schönefeld. Wahrscheinlich soll die Annahme ausgeschlossen werden, Leipzig besitze nicht nur in Mockau, sondern auch in Schönefeld einen Flughafen.

(2) ELISABETHS KOGNAC kostete eine Mark weniger: 2.75.

(2) MITTAGESSEN Das waren unter solchen gastronomischen Umständen jene selbstgemachten Stullen, die Jake an Expeditionen auf weisse Landkartenflecke gemahnen.

(2) ZUSCHLAGPFLICHTIG Früher bekannt als Schaffnerruf: Eiskeller - Tarifgrenze!

(2) ENTREE Gemeint ist leichtverständlich die Tür zum Treppenhaus, so zu sagen das Extree. Beiläufig verleitet die Proportion der Treppenstufen zu wiegendem Schreiten. Die Wirkungen auf Bélas Gangart denkt ihr euch; Jake hingegen rennt aufwärts.

(2) JANS ZIMMER Das ehemalige Zimmer der Genossin Trauma ist Bélas auch noch. Wie könnte er die erhabene Strenge seiner Studierklause mit einer Gelegenheit zum Liegen stören! Schlafen tut er separat, und Jan darf sich da bloss blicken lassen zu gleichem Zwecke. So sind Vater und Sohn noch einmal inniger vereint.

(2) FERNSEHSUCHT Mitteilung von Ine; Auswertung derselben durch Béla. Jetzt darf man Bélas auch beim Betrachten der Wetterkarte nach der Abendschau gedenken, und bei besonders harten Krimis seufzen: Das sieht Béla jetzt auch.

(3) GELDMARKT Hier stellt Béla etwas eigenwillig dar, was in meinem Bericht nicht anders als falsch herauskommen musste. Seine Frau gibt ihm überhaupt kein Geld von den etwa 750 M netto, die sie bei der Kleinen Enzyklopädie (Früher B.I.) in der Waldstrasse verdient. Wenn am 23. November der Anschein einer solchen Transaktion entstand, so weil sie mit zwei sozialistischen und einem kapitalistischen Kind in das neue Bad Ecke Hans Driesch-Strasse in Leutzsch

Friedenau, am Rathaus
1. Dezember, 1972

Liebe Sabine, lieber Klaus:
hier bekommt ihr, worauf ihr bestehen werdet, nämlich die

BERICHTIGUNGEN & NACHTRÄGE
zum Reisebericht Klemm und Umwelt

zwar nach bestem Wissen und Gewissen, jedoch ausdrücklich als Mal-Vorlage.
Zu den Stellen*

[1] STATION SCHÖNEFELD Von solidarischer Seite werde ich darauf hingewiesen, die Republik verstehe diesen Bahnhof als Zentralflughafen Schönefeld. Wahrscheinlich soll die Annahme ausgeschlossen werden, Leipzig besitze nicht nur in Mockau, sondern auch in Schönefeld einen Flughafen.

[2] ELISABETHS KOGNAC kostete eine Mark weniger: 2.75.

[3] MITTAGESSEN Das waren unter solchen gastronomischen Umständen jene selbstgemachten Stullen, die Jake an Expeditionen auf weisse Landkartenflecke gemahnen.

[4] ZUSCHLAGPFLICHTIG Früher bekannt als Schaffnerruf: Eiskeller – Tarifgrenze!

[5] ENTREE Gemeint ist leichtverständlich die Tür zum Treppenhaus, so zu sagen das Extree. Beiläufig verleitet die Proportion der Treppenstufen zu wiegendem Schreiten. Die Wir-

* Die Zeichen [1], [2], [3] bis [32] liefern den Bezug zum vorangehenden Teil «Erster Brief: Die Reise 1972». Im Brief wird (unumgänglich, da ja nachträglich) nicht auf gegebene Zahlzeichen, sondern auf die jeweilige Seite («1») samt jeweiligem Ausdruck («Station Schönefeld») verwiesen.

kungen auf Bélas Gangart denkt ihr euch; Jake hingegen rennt aufwärts.

[6] JANS ZIMMER Das ehemalige Zimmer der Genossin Trauma ist Bélas auch noch. Wie könnte er die erhabene Strenge seiner Studierklause mit einer Gelegenheit zum Liegen stören! Schlafen tut er separat, und Jan darf sich da bloss blicken lassen zu gleichem Zwecke. So sind Vater und Sohn noch einmal inniger vereint.

[7] FERNSEHSUCHT Mitteilung von Ine; Auswertung der selben durch Béla. Jetzt darf man Bélas auch beim Betrachten der Wetterkarte nach der Abendschau gedenken, und bei besonders harten Krimis seufzen: Das sieht Béla jetzt auch.

[8] GELDMARKT Hier stellt Béla etwas eigenwillig dar, was in meinem Bericht nicht anders als falsch herauskommen musste. Seine Frau gibt ihm überhaupt kein Geld von den etwa 750 M netto, die sie bei der Kleinen Enzyklopädie (Früher B.I.) in der Waldstrasse verdient. Wenn am 23. November der Anschein einer solchen Transaktion entstand, so weil sie mit zwei sozialistischen und einem kapitalistischen Kind in das neue Bad Ecke Hans Driesch-Strasse in Leutzsch ohne Lockmittel zur Verletzung der sozialistischen Gesetzlichkeit fahren wollte. Sie verbraucht ihr Geld für den Haushalt, für den Schneider, für die Finanzierung der L.V.B. etc. Bis vor kurzem waren ihre Einkünfte noch geringer, da sie als Halbtagskraft im Plan stand, und sie benutzte die M 12000, die ihr der Verlag als Honorar für das Wörterbuch Hindi/Deutschsprachigkeit zahlte. Béla begleicht die overheads wie Miete, Gas- und Stromkosten. Ausserdem entrichtet er freiwillig Beiträge zur eigenen Krankenversicherung in Höhe von ca. 70 Mark monatlich und händigt seiner Frau ein Kostgeld von 200 Mark aus, so dass seine monatliche Belastung etwa 450 Mark ausmachen dürfte. Nach wie vor trifft zu, dass nicht sie ihr Postscheckkonto benutzt, sondern er, und
+Geld wenn er die Miete nicht zahlen kann, leiht er sich ~~welch~~es pünktlich genug. Meistens ist ein schwellender Bücherkoffer in Warschau (etc.) die Ursache.

[9] BODENBELAG Nicht dass er den schon gekauft hätte in Prag. Er liegt dort lediglich in Schaufenstern, und offenbar hält Béla das für zuverlässiger als es in Leipzig der Fall wäre.

[10] LÖCHER IN TASCHE Béla verschloss sich dem Argument, dass er nur in der kalten Jahreszeit als Heizer Produktivwerte schaffe, seine Frau hingegen das ganze Jahr hinter seinen Löchern herrenne. Am Morgen darauf erstanden wir in der Kaufhalle am Connewitzer Kreuz (einer etwas zu gehorsamen Kopie westlicher Supermärkte and anderen, wie dem am Strassenbahnhof Möckern, bis ins Vordach hinein ähnlich) ein kleines Täschchen aus gelber Plaste mit Henkelchen für Jungmädchenfinger. Darin befanden sich viele Nadeln und Fäden für das, was Béla postalisch einen Selbstverkehr nennt. Er war gerührt über den Geschenk-Aspekt, vermochte aber die praktischen nicht zu erkennen.

[11] HAND AUFS HERZ Vielleicht weiss Béla nicht, worüber wir denn lachen. Er bringt die Pointe jeweils so zuversichtlich, als habe er sie erfunden, während uns doch deren Unausweichlichkeit zum Stöhnen, Jauchzen und Zähneklappern bringt. Fast fürchten wir, dass er in einer schriftlichen Aufzeichnung seiner Aufführungen nicht die mentale Zärtlichkeit erkennt, die doch ihr Sporn ist, und bitten euch um vertrauliche Behandlung.

[12] UNITURM Einheimische Sachverständige nennen ihn gern eine Abschussrampe, wohingegen er mir erschienen ist als selber das, was abgeschossen werden sollte und wofür die Rampe vergessen wurde. Das Folgende berichte ich mit jedem denkbaren Vorbehalt betreffs Boykotthetze und Verwandten: Der Turm ist so konstruiert, dass er die Bücher nicht tragen kann, ohne die Universitäts-Institute gemeinhin nicht vorkommen. Die Institute werden demnach dort nur als solche oder auch an und für sich residieren, ihre Bibliotheken jedoch der U.B. überweisen müssen. Dies nennt sich eine Umorganisation des Büchereiwesens in drei Stufen, auf deren haarsträubende Einzelheiten ich nicht eingehen möchte. Herr Taube, zum Beispiel, wurde von einem Generalkonsulat eines befreundeten sozialistischen Landes aus seiner gohliser

Villa gedrängt und will mit den miesesten Notunterkünften zufrieden sein, wenn die Tibetologie bloss nicht in den Turm muss.

[13] PENDERECKI Von einem briefing beim Minister Gysi brachte Herr Marquardt, Leiter des Verlages V.E.B. Reclam, eine Sorge als Zitat mit: Wenn im nächsten Jahre unsere Freunde zu den Weltjugendfestspielen in die Republik kommen, was werden unsere jungen Leute antworten, wenn man sie nach Penderecki fragt? Der Name des Komponisten ist aber mit einem «rekki» an der Basis angekommen, statt mit dem von Béla für richtiger gehaltenen «rezki».

[14] UNBEKANNTES LEIPZIG Elisabeth weisst mit Nachdruck und ohne Empörung zurück, dass sie und Erika Markkleeberg nicht kennten. Sie seien dort nicht zum ersten Mal spazieren gegangen, und im Gegenteil habe ihr Orientierungssinn dazu ausgereicht, schlicht das Privathaus von Herrn Doz. Dr. Taube zu betreten und darin die Toilette zu benutzen, unter der stillschweigenden und unerstaunten Duldung eines Knaben, der in seiner Miene etwas mental Schwebendes und diesseitig Engelhaftes vorgezeigt haben soll. Erst auf eine direkte Erkundigung der Fremden von den beiden Besucherinnen reagierte er, mit der Antwort, sein Vater habe sich eben hingelegt. Als die beiden die Haustür hinter sich schlossen, stand Jascha noch am selben Fleck, freundlich und entrückt. Das ist jenes von Taubes Kindern, das mit dem Disziplinären an der Schuldisziplin nicht zurechtkommt und fast jeden Tag einen Eintrag wegen ungebührlichen Betragens nach Hause bringt.

[15] ABFALLWÜHLER Nur zwei von den Eimern hat Béla ausgekippt, nicht den für das Papier, mit dem er den Bade-Ofen (und nur den Bade-Ofen!) anheizt, da er sich nicht vorstellen kann, man werde etwas Nichtpapiernes entgegen seiner ausdrücklichen Anweisung in den Papier-Eimer werfen.

[16] TODESTRAUM Béla benutzte das Wort spastisch.

[17] HANDHABUNG Auch ich hielt im Nachhinein eine Handlung für mehr angemessen. Eine Nachprüfung bestätigte den ersten Befund.

[18] RÜHRUNG Womöglich brachte Jans Titschen-Premiere Bélas Gefühlsfass zum Überlaufen. Denn als es Béla in der Nacht nach drei Anläufen endlich gelungen war, Frau Brigitte Zeibig hinauszuschmeissen, liess ich ihn mit seiner Gerüchtsverlobten allein. Für den Titel «Die Verlobten von Leipzig» beantrage ich Rechtsschutz. Als Elisabeth aus Leipzig und der Republik verschwunden war, bestellte ihn die Partei in den Peterssteinweg. Ob er sich mit ihr gestritten habe und womöglich hierin das Motiv für die Flucht zu suchen sei. Béla sagte mehrmals und wie in seinem Fernseh-Auftritt wieso, wieso! und sie bewiesen ihm, dass fast alle Angehörigen von Elisabeths Institut aus dem Ton ihrer Telefongespräche mit einem Herrn Klemm auf eine innige Bindung zu schliessen nicht umhin gekonnt hätten.
Weiter abgehandelt wurde, dass Béla sich mit Werken des Komponisten Christian Wolff langweilt und nicht glauben wollte, dass wir ihn als den Sohn meiner amerikanischen Verlegerin kennen, auch den des Verlegers Kurt Wolff. Mitten in der Nacht erwachte Bélas genealogische-heraldische Passion mit schmerzhafter Schärfe, und noch weniger konnte er sich beruhigen darüber, dass jener Mr. Wolff sein Leben als Professor für Graecistik an einer Universität in Vermont verdient. – Du willst sagen, ihr kennt den Christian Wolff, den Sohn von Kurt Wolff, der in Leipzig ...? den kennt ihr?

als Einer,

Jake hatte auf Elisabeth bisher **gewirkt** der ohne viel Verbindungen dazwischensitzt, Fragen nach der eigenen Tätigkeit gern ausweicht und sich um so herzhafter interessiert zeigt an den Angelegenheiten der anderen. Dies war für Béla ein Anlass, die Bedeutung des Wortes Unverbindlichkeit tiefschürfend zu erörtern, und noch mehr die des Wortes Verbindlichkeit. Danach erklärte er sich zwar nicht gerade für einen ebenbürtigen Partner in Sachen Psycholinguistik, jedoch referierte er den Plan eines gemeinsamen Buches mit Jake: Bierwisch/Klemm, Über Musik und Sprache.

Diese nächtliche Vereinigung hat nach Elisabeths Meinung eine halbe Stunde gedauert, nach Bélas Empfinden drei ganze. Am nächsten Morgen dankte er mir hinter der Küchentür für meine zartfühlende Diskretion.

[19] BINNENWÄHRUNG Was Jan in Wahrheit sagte war: weil dies is ja auf dem Lande hier.

[20] HONORAR Béla fand M 1200 nicht eine gerechte Bezahlung für die Shaw-Edition, und zu seiner Betretenheit entfuhr mir auch noch die Vermutung, die Arbeit habe doch wohl nicht mehr als vier Wochen in Anspruch nehmen können. Tatsächlich sind es wohl sechzehn Wochen gewesen, und für gewisse Anmerkungen habe er bis zu vier Stunden gebraucht.

[21] ROWOHLT Wenn euch da die Zeiten verschoben vorkommen, so weil Béla es sämtlich erzählt hat, als sei es gestern passiert, oder vorgestern.

[22] VERBOTENES BUCH Die Brecht-Chronik von Klaus Völker.

[23] VERFAHREN TAUBE Herrn Taubes Frau lebt gegenwärtig in Leningrad, und in einem Hause wie der Nummer 32 an der August Bebel-Strasse kann man schon mal nach der Ursache dieser wiederkehrenden Abwesenheiten gefragt werden. Herr Taube war so erstaunt, dass er auflachte. – Sie verreist gern: sagte er.

[24] ADORNO Die Generalabrechnung steht unter ungünstigem Stern. Schon einmal hat er sich dafür fit gemacht durch vier Wochen Urlaub, die nachfolgende Erschöpfung durch energisches Studium der Deutschen Ideologie und anhaltendes Klavierspiel überwunden und dabei nicht bemerkt, dass da ein Termin war, der auf ganz dingliche, geradezu körperliche Weise ihm näher rückte. Dann war er da, und Béla traute sich nicht nach Brno. In dieser Erinnerung ist er sehr unglücklich.

[25] STRASSENBAHN Am Rossplatz wirbt eine Reklame für ELASTE UND PLASTE AUS SCHKOPAU. Hier ist Jake der geschlechtlichen Grammatik nicht ganz sicher, oder er mag sich nicht entscheiden zwischen das Plast oder die Plaste.

[26] BEQUEMES CLO Dies Béla so angenehme Etablissement unter dem abgerissenen Kiosk hat man nicht etwa ausgebaut, sondern zugeschüttet. Es musste so schnell gehen, weil Herr Ulbricht erwartet wurde mitsamt der Meinung, solcher Platz vor seinem eigenhändigen Opernhaus dürfe nicht etwas Nützliches aufweisen.

[27] LIEBE AM TELEFON Nach einer volksetymologischen Deutung, für die Gewährsleute sich nicht beibringen lassen: Mrs. Doherty verabscheut die Möglichkeit, ein Kind zu bekommen, und da Jake auch das egal ist, wenn er bloss nicht heiraten muss, nicht einmal seiner Mutter zuliebe, ist es nunmehr Mrs. Doherty, die ein Argument nach dem anderen erfindet gegen die Ehe.

[28] RICHTUNG BERLIN Da Katharina nicht stören wollte, notierte sie sich im Speisewagen die besonders katholischen Appelle, die ihr im Strassenbild dieses Auslandes aufgefallen waren, darunter VON DER SOWJETUNION HEISST SIEGEN LERNEN – na ja: VON DER SOWJETUNION LERNEN HEISST SIEGEN LERNEN. Da sie dabei eine lose Konsultation mit mir unterhielt, fiel mir ein junger Mann ein, den ich neulich vor der Kommode gesehen habe. Er trägt eine Baskenmütze sehr seitlich über langem weisslichem Haar, bewegt einen blonden Bart an seinem Kinn, ist in einen schwarzen weiten Mantel bei hochgestelltem Kragen verkrochen, so dass man ihn ihrer als flämischen Kaufmann auf unseren Banknoten erwartete. Das war Jakens Bruder, der Architektur-Dirigent, und seine Anmerkung zu gerade dieser Lebenshilfe lautete: Nun aber sei es an der Zeit, zunächst einmal das LERNEN ZU LERNEN.

[29] OSTBAHNHOF Angesichts der langen Schnauze des Triebwagens, die zum Abheben bereit scheint, stiess Elisabeth

die Erwägung zu: sie wolle darin so gern das Instrumentarium einer Flugzeugkanzel vermuten, aber es werde doch wohl so sein wie im Führerstand einer Strassenbahn. Sie hatte eher sich gemeint, ihre Erfahrungen mit Realität schlechthin samt ihrem Verhältnis dazu. Und wieder, wie alle, konnte Jake sich diese Gelegenheit zur Verteidigung der D.D.R. nicht entgehen lassen. Er habe sich das einmal zeigen lassen, jawohl. Und zumindest wie die Fahrerkabine bei der S.-Bahn habe es ihn doch angemutet. Zwar nicht mehr, jedoch nicht weniger.

[30] SPÄTZÜNDUNG Dann verliessen wir die D.D.R. über den Kontrollpunkt an der Südseite des Bahnhofs Friedrichstrasse. Spätestens am Donnerstagmorgen, als wir auf dem Polizeirevier in der Schenkendorffstrasse angesehen hatten, wie die Organe mit ihren Menschen umspringen, waren wir entschlossen, die D.D.R. zu verlassen.

[31] BEIM AUSPACKEN wurde uns bewusst, dass sie nach unserer Lage gar nicht gefragt hatten, nicht nach den Versuchen der Wahlbeeinflussung, nicht nach der Teuerungsrate, nicht nach der Universitätsreform. Wir müssen uns offenbar darauf verlassen, dass die Programme des Westdeutschen Fernsehens ihnen ein Bild machen von der Welt, in der wir leben.

[32] ABSCHIED ALS MESSINSTRUMENT Als wir endlich das Innere des Karlex gewonnen hatte, drängte Béla unverhofft von der Mitte des Bahnsteigs sich durch bis an Waggonwand und Fensterschlitz, der Schmerzensschreie unter den anderen Andenzugbringern nicht achtend. – Mensch, Ossian! sagte er: Du hast mir ja noch gar nicht die Hand gegeben! Nu gib sie mal her!

Sincerely yours,

OSSIAN.

Dritter Brief

WEITERE ERGÄNZUNGEN

Friedenau, an der geplanten Ubahnstrecke 10
12. Dezember, 1972

Liebe Sabine, lieber Klaus,

ein kurzer Aufschrei würde euch vermuten lassen, dass ihr edlere Teile traft, und so ergehe ich mich denn des langen wie des breiten angesichts der forsch-müden Einschätzung, die euer zahlender Hausgast Prof. Baumgärtner unserem Forschungsbericht betreffend Klemm und Umgebung hat zuteil werden lassen.

Zu Recht, das heisst tatsächlich vermisst ihr darin die Manieren des Dionysos, das ekstatisch-irrationale, im Rausch den Sinnen überlassene und geradezu chthonische Welterlebnis, den appetitlich aufgebrochenen Bau von Sprache und Satz, den Geist des Weins eben. Da wird nicht viel verschlagen, dass Einer zum Welterlebnis auch einer begreifbaren Welt bedürfte, womöglich einer zur Ekstase geeigneten, zu offenkundig ist eure Enttäuschung über Strenge der Form und überhaupt die Sklaverei des Apollinischen unter der Empirie. So verkehrt wiederum ein Triumph der realistischen Schreibweise in eine Niederlage sich.

Zu dem 1.),
was du nun mehr oder mider relativ begriffen zu haben glaubst: es könnte dem Worte Deutschland in Bélas Landen eine gewisser Maßen folkloristische Aufenthaltsberechtigung belassen werden, fehlt ihm nur nicht die progressive Qualifikation. So ist, wie ein Neues Deutschland, auch eine Neue Deutsche Reichsbahn vorstellbar und überdies der vorgeschriebene Abstand zwischen der Tatsächlichkeit und ihrer verbalen Beschreibung eingehalten. Hingegen ein Neues Deutsch in Vorworten zu Sprachlehrbüchern träfe den Sachverhalt ein wenig zu genau.

2.)
finden wir es zum Kringeln, dass Klaus unfehlbar sowie auch unverzüglich auf nichts anderes gekommen ist als eine glacierte Kalbskeule. Es muss am Gelee liegen.

3.)
haben wir uns wahrhaftig nicht weiter in Richtigstellungen des falschliegenden Bewusstseins ergangen. Es scheint uns dies ohnehin nicht unseres Amtes, um so weniger, als wir nicht vertraut waren mit den Schwankungen des Realitätsbodens, denen die des dortigen Bewusstseins folgen, und wir dieses auch nicht mehr erlernen werden.

Die von Klaus vermutete Atmosphäre war vorhanden, jedoch verwundert hätte sie euch alle beide nicht. Sie war weder frostig noch entpolitisiert; Lustigkeit allerdings ist vorgekommen. Unsere dortigen Platzhalter werden auch euch den technischen Ablauf erklären, in dem Knappheit an Personal und Funktionsmängel an den Fahrscheingebern der Strassenbahnen im Verein

mit einem (2)

Friedenau, an der geplanten Ubahnstrecke 10
12. Dezember, 1972

Liebe Sabine, lieber Klaus,

ein kurzer Aufschrei würde euch vermuten lassen, dass ihr edlere Teile traft, und so ergehe ich mich denn des langen wie des breiten angesichts der forsch-müden Einschätzung, die euer zahlender Hausgast Prof. Baumgärtner unserem *Forschungsbericht betreffend Klemm und Umgebung* hat zuteil werden lassen.

Zu Recht, das heisst tatsächlich vermisst ihr darin die Manieren des Dionysos, das ekstatisch-irrationale, im Rausch den Sinnen überlassene und geradezu chthonische Welterlebnis, den appetitlich aufgebrochenen Bau von Sprache und Satz, den Geist des Weins eben. Da wird nicht viel verschlagen, dass Einer zum Welterlebnis auch einer begreifbaren Welt bedürfte, womöglich einer zur Ekstase geeigneten, zu offenkundig ist eure Enttäuschung über Strenge der Form und überhaupt die Sklaverei des Apollinischen unter der Empirie. So verkehrt wiederum ein Triumph der realistischen Schreibweise in eine Niederlage sich.

Zu dem 1.),
was du nun mehr oder minder relativ begriffen zu haben glaubst: es könnte dem Worte Deutschland in Bélas Landen eine gewisser Maßen folkloristische Aufenthaltsberechtigung belassen werden, fehlt ihr nur nicht die progressive Qualifikation. So ist, wie ein Neues Deutschland, auch eine Neue Deutsche Reichsbahn vorstellbar und überdies der vorgeschriebene Abstand zwischen der Tatsächlichkeit und ihrer verbalen Beschreibung eingehalten. Hingegen ein Neues Deutsch in Vorworten zu Sprachlehrbüchern träfe den Sachverhalt ein wenig zu genau.

2.)
finden wir es zum Kringeln, dass Klaus unfehlbar sowie auch unverzüglich auf nichts anderes gekommen ist als eine glacierte Kalbskeule. Es muss am Gelee liegen.

3.)
haben wir uns wahrhaftig nicht weiter in Richtigstellungen des falschliegenden Bewusstseins ergangen. Es scheint uns dies ohnehin nicht unseres Amtes, um so weniger, als wir nicht vertraut waren mit den Schwankungen des Realitätsbodens, denen die des dortigen Bewusstseins folgen, und wir dieses auch nicht mehr erlernen werden.

Die von Klaus vermutete Atmosphäre war vorhanden, jedoch verwundert hätte sie euch alle beide nicht. Sie war weder frostig noch entpolitisiert; Lustigkeit allerdings ist vorgekommen. Unsere dortigen Platzhalter werden auch euch den technischen Ablauf erklären, in dem Knappheit an Personal und Funktionsmängel an den Fahrscheingebern der Strassenbahnen im Verein mit einem (womöglich) negativen Kollektiv-Empfinden ergeben, dass die Leipziger Verkehrs-Betriebe wie die Ostberliner Untergrundbahn zu einem Nulltarif gegen die Volsk eben: gegen die Wirtschaft des Volkes fahren; unsere dortigen Vertreter benötigen schon das Biologische an Energie zu Anderem als zu der angebrachten Empörung und haben an deren Nutzlosigkeit auch die Wohltat der emotionalen Befreiung eingebüsst. Geht hin und verlangt von einer Person, die mit dem Umschreiben von Vorworten von Deutsch auf Deutschsprachigkeit ihre Arbeitszeit verbringt, verlangt von ihr, sie solle solche Arbeit nicht nur nicht alltäglich tun sondern auch als etwas Nicht-Alltägliches begreifen: sie fände doch schon morgens nicht mehr die Kraft, aus dem Bette aufzustehen. Wenn dort in einem Gespräch eine Entfernung von vier bis fünf Kilometern zum nächsten Bahnhof, an allen Arbeitstagen zu bewältigen, euch die Einrichtung einer Buslinie in raschem Rhythmus beikäme und ihr noch dabei wärt, die Eigenleistung per Fahrrad als staatlichen Diebstahl an der Kraft jener Leute zu begreifen, sind die Einheimischen längst und fast ohne Worte einig über jenen kleinen Erfahrenswert, dass von abgestellten Fahrrädern grundsätzlich die Luftpumpen geklaut werden und sprechen von Konstruktionen für die Hosentasche. Kurz, es ist möglich, mit den tausend kleinen Widrigkeiten des sozialistischen Alltags zu leben, und es mag auch ungemein üben, aber es fehlt die Kraft für den jedesmaligen Ausruf von der Scheisse, und also haben wir ihn nicht verlangt.

Unter diesen Umständen, da eine Diskussion der Lage recht bald auf ihre Unabänderlichkeit (oder deren Richtung nicht zu einer gründlichen Besserung) hinausläuft und eben nicht zu der Möglichkeit eines Entschlusses zur praktischen oder mentalen Umstellung einer Haltung, sind Elisabeth politische Gespräche in der D.D.R. oft genug vorgekommen wie der small talk auf parties in non-G.D.R. areas, also als möglich, lustig, finster wie heiter, jedoch nicht als fruchtbar an Ergebnissen.

Zum Beispiel die Lage eines Schriftstellers. Er lebt behaglich auf dem Lande, auf fast ausreichendem Wohnraum, dicht unter dem Himmel. Jedoch die Wolken über ihm haben auch Namen. So hat er vor sechs Jahren, unter damals noch legalen Umständen, einen Roman im falschen Frankfurt veröffentlicht; dies hängt ihm an wie einem im Jahre 1936 eine jüdische Grossmutter die Karriere vermasseln konnte (dies ist nicht mein Vergleich), und beide für ihn zuständige Schriftstellerverbände sperren sich gegen seine Mitgliedschaft. Das bedeutet einen Verlust an sozialer Sicherung. Das bedeutet Knochenarbeit an Übersetzungen, eigene Arbeit in knapper Zeit und substanzlose Tastgespräche mit belletristischen Verlagen voll misstrauischer Schnüffelei. (Vergleicht dazu die Übertragung der Verantwortung von der H.V. auf die Verlagsleiter.) In dieser Lage ohne Rückhalt kann schon eines der eigenen Kinder ihn noch verwundbarer machen, da auf dem sozialistischen Schulhof die Kenntnis von Sendungen des Westfernsehens als positives Statussymbol gilt und er seine Kinder mit Verlust an Reputation quälen würde, verböte er ihnen die westlichen Schiessprogramme aus Gründen der Sicherheit und allerdings moralischen, die er lieber vordringlich behandeln würde. Und die Frau braucht für einen Haushalt von fünf Personen 600 Mark alleins fürs Essen und hat regelmässig zu wenig Geld in der Tasche, wenn sie drei Dörfer weiter endlich den Kinder-Anorak findet, nach dem sie aber schon drei Wochen lang fahndet, und zwar neben dem eigenen Beruf auch hauptberuflich.

Spezifisch. Es hat Jeder eine Chance, die heisst nicht Verzeihung, sie heisst Bewährung. Dieser Schriftsteller will sie nicht nützen in jenem Genre, das zunächst zu rasch an seinen Fehltritt von damals erinnert, er gedenkt sich das berufliche Lebensrecht mit einer Reportage zu verdienen. Er wählt die Arbeitswelt an der Ostsee, lässt sich eine Werft vorführen, nimmt vom Rat der Stadt gedrucktes Werbematerial mit, fädelt den fertigen Text, damals noch, in die H.V. ein und erhält die Druckerlaubnis, zunächst für eine Zeitschrift. Kaum ist die Zeitschrift auf dem Markt, zitiert ihn der Verlag, der es mit dem schwarzen Schaf gewagt hat, und steckt es an mit Zähneklappern: die Werft hat ihre Produktionsperspektiven geändert, und die schwarz auf weiss gedruckten Bruttoregistertonnen wird es nicht geben, oder doch zumindest an anderer Stelle, und weit ist es nicht bis zum Hochverrat. Was die so freudig ausgemalte Stadtplanung angeht, so hat die Zentrale die kräftigeren Finger gehabt, so wie beschrieben will das keiner gesagt haben und die bunten Prospekte sind fast niemals gedruckt worden und jene unsere Menschen werden mit Recht aufgehetzt sein mit jenen Wohnmöglichkeiten, die nun weiterhin fehlen werden; heisst das in positivem Sinne gesellschaftlich wirken? Keineswegs. Nun werden die noch nicht veröffentlichten Stellen des Manuskripts durchgesehen, und richtig finden wir den Dichter im Alten Schweden zu Wismar eines anderen gedenken, der fern in New York auf seine Weise mit der Geschichtsschreibung dieses Küstenstriches beschäftigt ist, und das wird ohne Diskussion gestrichen; mit Diskussion wäre es womöglich nicht auszuhalten. Der Bericht über ein Landschaftsschutzgebiet ist dort über schrieben mit «Der Jäger vom Darß», und eine halbe Stunde lang wird dem Autor vorgehalten, dass er so zwischen den Zeilen nicht durchkommt mit seiner Subversion. Er meinte einen lebenden Landschaftsschutzförster mit Rauschebart, wie er ihn gesehen hat, und das Lektorat meint den Genossen Honecker, der sich in jenem geschützten Darß ein Jagdschloss angelegt hat. So erfährt der Autor endlich, was er da geschrieben hat.

Dann hat er einmal genug gestrichen, er hat auch den Erzähler in seinem fortschreitenden Romanmanuskript wegen dessen falschen Bewusstseins und zur blinden Zufriedenheit des Lektorats verwandelt in ein Erzählerkollektiv, nun darf er auch einmal vor Studenten in Rostock vorlesen für hundert Mark. Durch die Reportage zieht sich das Motiv einer Insel, die der Berichterstatter sucht und bei allfallsigem Auffinden nicht behalten zu dürfen fürchtet, und selbstverständlich ist die Hauptsorge der Diskussion erst einmal die gesellschaftliche Aussage. Dann wird ihm angekreidet, dass es entgegen seiner Unterstellung in der D.D.R. doch Inseln gebe, die dürfe man besuchen und danach auch behalten, zum Beispiel Hiddensee, oder?

(Der Verfasser hatte noch eine andere Insel in der Ostsee besichtigen wollen, und er begriff nicht das Gelächter, unter dem das Lektorat sich entzückte über die Verrücktheit seines Plans. Es ist ein Eiland, da wacht die Staatspolizei an den Rändern, und im Inneren ergehen sich die Leute vom Apparat und erholen sich von der Arbeit in dem Haus mit den Telefonen. Da wäre noch ein Schiffbrüchiger verloren.) (Diese Insel war nicht Bestandteil jenes durchlaufenden Motivs.)

Eines der Ergebnisse ist der Zustand des Tisches, der in dem Arbeitszimmer eines solchen Schriftstellers die Wohn- und Besuchsgelegenheit bezeichnet. Er ist niedrig, für müssige Vorhaben ausgewiesen, bedeckt mit einer erträglichen Leistung des heimischen Kunstgewerbes. Ein Teller mit Pfeifen. Eine kupferne Eßschüssel als Aschenbecher, kunstreich verbeult. Tabakdosen englischer Herkunft, leer. Beiläufig ausgelegt Buchproduktionen des westlichen Auslands, eingeschmuggelte oder Abfallware aus den Interhotels für fünf antiquarische Mark. Bleibt der Nachschub aus, liegen solche Bücher noch nach drei Wochen gleich arrangiert. In auffälliger Sichtbarkeit ein Stapel Briefe, alle zeigen in geschickter Verrutschtheit ausländische Marken, einer doch wahrhaftig eine der U.S.A. Die Briefe werden an diesem Tisch nicht beantwortet, die Schreibmaschine steht am anderen Fenster, hier werden Verbindungen dokumentiert. Ein Telefon steht nicht auf dem Tisch, der Antrag schmort seit drei Jahren. An diesem Tisch sitzen die Abgesandten der Dorfgemeinde, die sich bei der Frage nach kürzlichem Westbesuch doch ausweisen können als Mitarbeiter des ruhmbedeckten M.f.S.S. und übrigens alle Veröffentlichungen dieses Menschen haben im Archiv einsehen können, bloss jene eine nicht, – an die bin 'ch gor nich rangekomn. Andere Besucher kriegen da Tee, und das Servieren gerät zur Zeremonie. Unter den Pfeifen liegt eine verdreckte Nadel aus Messing, denn der Handel führt nicht Pfeifenreiniger. Es ist ein aufsässig gebildeter Tisch, und ein recht trauriger Anblick.

Zum Abschluss, lieber Klaus, einen Probelauf eigens für dich, denn Sabine wird ihn in einem Buche lesen: Es war eine historische Aufgabe für die Partei der Arbeiterklasse, nicht Berlin, sondern Leipzig zur Hauptstadt der D.R. zu machen. Die Gebäude der Regierung stünden nun imposant um den Karl Augustus Marx-Platz, die der Partei um die Ringe. Die Universität wäre verteilt um die lieblichen Gefilde des Rosentals, um einen Campus sozialistischer Natur. Von Anfang an wäre die Staatssprache nicht verschämt sondern stolz deklariert. Der Mythisierung Westberlins wäre ein wenn auch kleiner Riegel vorgeschoben gewesen, und die Absperrung an weniger wichtiger Stelle erfolgt. Überhaupt Berlin. Die Regierung sässe in der Nähe der Arbeiter. Die Abgeordneten der Hauptstadt dürften mitstimmen in der Kammer des Volkes. Weitere Vorschläge werden freundlich erbeten.

4.)
Die Verhältnisse der Familie Klemm sind uns nicht idyllisch erschienen, nicht einmal mentalerseits. (Dafür haben wir James). Für eine Art Konstanz garantieren wir. Einmal fand Erika von Klemm auf dem Zentralflughafen Schönefeld eine Nachricht und wusste uns bei Jake in Lichtenberg versammelt, und kam nicht. Für gestern war sie mit Elisabeth verabredet zur Fortsetzung eines Erfahrungentausches in der Lutherstadt Wittenberg und entschuldigte sich wenige Tage vorher mit Krankgeschriebensein. Mitten im Satz brach wieder einmal das Telefonnetz Leipzigs zusammen und schaltete die Verbindung mit Westberlin ins Leere. Noch einmal angerufen hat sie nicht, und weil wir die Leitung nicht blockieren wollten durch Anrufversuche bei ihr, haben wir seit dem nichts von ihr gehört.

5.)
Katharina ist dies alles mitnichten egal, schon gar nicht inzwischen. Von ihren Freunden im Osten erfährt sie, zum Beispiel, die Auflösung der Abkürzung U.S.S.R.: Unter dem Sofa sitzen Räuber. Aber in der S-Bahn schreibt sie sich diskret auf, was sie weiss auf rot an den Fabriken hängen sieht, und bittet sich solche Seiten aus meinem Notizbuch zum Sammeln aus: 50 Jahre U.d.S.S.R – 50 Jahre Friedenspolitik.

Elisabeth wird es wohl nicht einmal wieder lernen mit der jener S-Bahn, die dem Frieden dient, und erklärt dem Kinde dann die Sache mit dem Überfall auf Finnland.

Ist Katharina gar nicht egal.

Zitiert mir aus einem ihrer Schulbücher: «In East Germany the children are ---- told? or like that: that everything their government says is true and any action of their government is good» – now would this be offensive to say in this country?

– Why offensive?

– Because it does not really say: Tell, in my book I mean. Something like «eingetrichtert».

– In that case the school system in this country might take offense.

– You see? And the children here, too. I am not going to mention it.

Was soll ihr da egal sein?

Dann aber verlassen wir die S-Bahn und entschliessen uns abermals, in diesem Lande nicht zu bleiben.

Lange hält es nicht vor. Kommt der nächste Sonntag nein Sonnabend, werden wir in Lichtenberg auf dem Bahnhof Lichtenberg erwartet. Eine ganz in Fachlektüre und einen Havelock⊥ Gestalt ⊥ gehüllte wird sich uns nähern und verschwörerisch anhauen mit der Frage: Na? wollt ihr auch zum Tierpark Friedrichsfelde? Das wollen wir, und sind auch neugierig, ob abends im Bürgerheim immer noch der Satz vom letzten Mal in der Schreibmaschine steckt oder was nun wieder für einer.

Sincerely yours,

OU.

Elisabeth und Uwe Johnson, Eberhardt Klemm in der Wohnung Klemm, August-Bebel-Straße in Leipzig, 1973

Vierter Brief

DIE REISE 1973

Geschäftsstelle Friedenau Dienstzeiten nach Vereinbarung.
13. Januar (Sonntag), 1974

An die Niederlage Württemberg.

(1 von zwei Dienstexemplaren.)

Liebes Haus Baumgärtner,

Gruss zuvor. Aussergewöhnliche Notlagen erfordern gewöhnliche Auskünfte: Ihr werdet nunmehr Zeugen eines Alleingangs. Das Vergehen einer Fraktionsbildung kann mir eindeutig nachgewiesen werden.

Denn auf einer Ratstagung vom 7. d.M. im Bürgerheim, jener traditionsreichen Versammlungsstätte im östlichen Teil des Herzens von Lichtenberg, wurde durch Vergleich von Uhren und anderen Mitteln der Orientierung festgestellt, dass Ihr aus meinem vorjährigen Bericht gewisse zum Leben notwendige Fakten nicht entnommen habt, so dass Béla, nach dem trotzigen Genuss von Pantherpilzen hochgradig vergiftet und in eigener Empfindung unterwegs ins finstere Reich des Todes, seine Frau hoch vor der Brust hielt, sie umherwirbelte und anschrie: Ich verabschiede mich von dir! Ich verabschiede mich von dir! (Die Akten sind im Krankenhaus Neustrelitz einzusehen.) Darauf wurde mir durch Beschluss auferlegt, in Hinkunft solche Arkana gleich dem mitzuteilen, den sie durch eigenes Erleben ohnehin angehen, nämlich unserem lieben Bépunkt in Person. Keine Stimmenthaltungen.

Wenn ich nun trotzdem diesen

Reise- & Rechenschaftsbericht, 26. XII. 1973 - 1. I. 1974

an euch adressiere, so geschieht dies aus Gründen, die ... nun ja. Bei auftretenden Komplikationen möchte ich eurer Fürsprache mich versichert halten!

Der im Folgenden freie Raum auf der linken Seite ist bestimmt für Notizen und Berichtigungen und stellt die Einsicht dar, dass ihr dessen im vorigen Jahr ungebührlich beraubt gewesen sein möchtet.

Leipzig liegt inmitten der braunkohlenreichen, fruchtbaren und im wesentlichen ebenen leipziger Tieflandsbucht. Dennoch obwaltete noch hinter Bitterfeld die Erwartung, nicht an einem "eigentlichen" (J.M.) Orte anzukommen. Das mag einem passieren, der inzwischen allzuoft in einem Interzonenzug an jener Stadt vorbeigeleitet wurde auf den östlichen Stadtbahnbogen nach Gaschwitz und München. Diesmal aber fuhr uns das Deutsche Reich mit seiner Eisenbahn ab Neuwiederitzsch strikt nach Süden, entlang jener Mauer

an der (2)

Geschäftsstelle Friedenau. Dienstzeiten nach Vereinbarung.
13. Januar (Sonntag), 1974

An die Niederlage Württemberg.
(1 von zwei Dienstexemplaren).

Liebes Haus Baumgärtner,
Gruss zuvor. Aussergewöhnliche Notlagen erfordern gewöhnliche Auskünfte: Ihr werdet nunmehr Zeugen eines Alleingangs. Das Vergehen einer Fraktionsbildung kann mir eindeutig nachgewiesen werden.

Denn auf einer Ratstagung vom 7. d. M. im Bürgerheim, jener traditionsreichen Versammlungsstätte im östlichen Teil des Herzens von Lichtenberg, wurde durch Vergleich von Uhren und anderen Mitteln der Orientierung festgestellt, dass Ihr aus meinem vorjährigen Bericht gewisse zum Leben notwendige Fakten nicht entnommen habt, so dass Béla, nach dem trotzigen Genuss von Pantherpilzen hochgradig vergiftet und in eigener Empfindung unterwegs ins finstere Reich des Todes, seine Frau hoch vor der Brust hielt, sie umherwirbelte und anschrie: Ich verabschiede mich von dir! Ich verabschiede mich von dir! (Die Akten sind im Krankenhaus Neustrelitz einzusehen.) Darauf wurde mir durch Beschluss auferlegt, in Hinkunft solche Arkana gleich dem mitzuteilen, den sie durch eigenes Erleben ohnehin angehen, nämlich unserem lieben Bépunkt in Person. Keine Stimmenthaltungen.

Wenn ich nun trotzdem diesen
REISE- & RECHENSCHAFTSBERICHT, 26.XII.1973 – 1.I.1974
an euch adressiere, so geschieht dies aus Gründen, die … nun ja. Bei auftretenden Komplikationen möchte ich eurer Fürsprache mich versichert halten!

Der im Folgenden freie Raum auf der linken Seite ist bestimmt für Notizen und Berichtigungen und stellt die Einsicht dar, dass ihr dessen im vorigen Jahr ungebührlich beraubt gewesen sein möchtet.

Leipzig liegt inmitten der braunkohlenreichen, fruchtbaren und im wesentlichen ebenen leipziger Tieflandsbucht. Dennoch obwaltete noch hinter Bitterfeld die Erwartung, nicht an einem «eigentlichen» (J.M.) Orte anzukommen. Das mag einem passieren, der inzwischen allzuoft in einem Interzonenzug an jener Stadt vorbeigeleitet wurde auf den östlichen Stadtbahnbogen nach Gaschwitz und München. Diesmal aber fuhr uns das Deutsche Reich mit seiner Eisenbahn ab Neuwiederitzsch strikt nach Süden, entlang jener Mauer an der Berliner Strasse, welch erstere durch siebenundvierzigprozentige Halbkreise aufs lieblichste unterbrochen ist und dem Kundigen die Einbildung einer ganzen 1 oder 22 in den Blick stellt. Dann bestätigte sich der Verdacht: wir kamen an in einem Ägyptischen Museum, und auch das war nicht als Ziel gemeint, sondern die Leute, die wir dort zu schätzen wissen.

Einer stand beherrschend in der Mitte des Bahnsteigs, gänzlich ohne Aufregung, jeder Zoll ein Mann, der seinen Fahrplan zu lesen

<mittelgross, blaugrau; ihr kennt ihn ja>,

weiss, unser guter alter 040929424954 ⊥ die Pfeife im Maul und den rechten Arm zu hoch ausgreifender Umarmung erhoben. Er sagte: Da seid ihr ja!

Auch unter den übrigen Mitgliedern des Festkomitees bemerkten wir viele erprobte Gesichter, vertraut aus Kämpfen Schulter an Schulter, und gerade wollten wir das Lied vom dreifachen Frühlung anstimmen, als wir einem grässlichen Schock anheimfielen. Wir waren in ein Land des entwickelten (L.V.Z.) Sozialismus gereist auch in der Hoffnung, dort vor bürgerlich-atavistischem

Mythengut gerettet zu sein, aber womit begrüsste uns hier das Deutsche Reich durch seine Bahn? Mit einem automatisch beleuchteten Tannenbaum!

Unser Entsetzen verlor sich erst auf den Treppen der Westhalle in den mächtigen Urinschwaden, die von rechts über uns und die Ecke von Blumen-Hanisch herfielen mit einer Gewalt, als sei sie von Fachleuten zu Forschungszwecken erzeugt. Wer dann seiner Nase nicht traut, ist noch einmal dankbar für sachverständige Begleitung und Auskünfte.

Inmitten unserer Reisegesellschaft erhob die Unvernunft das Haupt und forderte den Einsatz uniformierten Spezialpersonals.

In der 11 sahen die übrigen Passagiere uns gar nicht an wegen des passierten Geruchs, sondern weil das Vorstandsmitglied aus Berlin, 280730430030, aus beruflichen Gründen (er ist Psycholinguist) mir jene Erklärung des roten Alarmknopfes abverlangte, die Béla uns im vorigen Jahr hatte zuteil werden lassen: Also, wenn jemand deine Frau … Missbrauch wird schwer bestraft.

Damit akzeptierte er den Auftrag, die Zeit bis einschliesslich des nächsten Abends im Direktverfahren für euch nach Budapest mitzunehmen.

Wenn meine Darstellung noch an anderen Stellen Löchern anfällig sich zeigt, so aus später vorkommenden Ur-Sachen.

Durch gelegentlichen Umgang auch zwischen den Besuchen mögen uns die Schrekken der Neuigkeit verblasst sein.

Es möchte weiterhin berücksichtigt werden, dass ich während dieses Aufenthaltes eine

Verlobung eingegangen bin und nun manches nicht mehr so sagen kann.

Veränderungen an der Topographie des Stützpunktes Bebelheim: Das Zimmer Julie von Klemms, zweite Tür links, zur Strasse hin, wird nun nicht mehr als allgemeiner Tagesraum missgenutzt. Sondern Béla hat die geerbten Möbel tatsächlich aufarbeiten lassen und dort einen Salon aufgestellt. Hingegen ist das Zimmer hinten rechts, einst unsere Schlafstelle, neu tapeziert, möbliert mit den weissgestrichenen Regalen eines untergegangenen Kaufmannsladens und überhaupt Dingen, die Frau von Klemm ein werktätiges & privates Dasein in begrenzter Unabhängigkeit ermöglichen.

Eine Grenze tritt ein, wenn Jan aber nun doch televisionär zumute ist.

Die Kammer hinter der Küche, über deren Ausmasse und Ausblick ein beliebiger Student weinen würde vor gesicherter Zukunft, so recht die Garconniere für einen jungen Herrn mit Bedürfnis nach eigenständiger Entwicklung, ist nicht Jans Zimmer, sondern die Kammer. Da stellen sie die Sachen ab, die sie eines Tages dringend brauchen könnten. Zollstöcke, zum Beispiel. Bélas Sammlung leerer Schnapsflaschen ist hingegen offen ausgestellt, auf den Rändern der Küchenschränke. Der Anregung, sein Hobby auf den eigentlichen Kern zu beschränken, indem er die fremdländischen Etiketten in so genannten Trockenbüchern verwahrt, möchte er sich vorerst weiterhin verschliessen.

Das nun mit grosser Kraft einsetzende gesellige Beisammensein erbaute gleich anfangs eine Szene, deren klassische Bauweise euch das Herz beschleunigen wird: Es hat ein Freund Bélan aus der Hauptstadt ein Buch mitgebracht, eben erschienen. Das gibt es gar nicht, so selten gibt es das. Béla nimmt das Druckwerk misstrauisch entgegen, schiebt rechten Mund- und Augenwinkel verkniffen in die Höhe, entschliesst sich endlich. – So –: sagt er. – Ja!! schiesst er von der Zunge. Er hat es schon. Aber – er legt es zur Seite – man könne ja mal darüber reden. Das schon. Es gebe da Möglichkeiten –. Unversehens begreift der naivste Zeuge, dass der gescheiterte Spender Béla nun doch eigentlich eine Wiedergutmachung schuldig wäre.

Sitzen Erwachsene solcher Art um den Tisch, hockt Ine auf der Truhe am Ofen, feindselig und gelangweilt in eine Ferne blickend. Auf Befragen weiss sie ihre Distanz zu erklären: Ist doch der Platz für Kinder!

Ine ist sechzehn Jahre alt.

Bittet man sie nun in die Runde, wird ihr bloss ein Recht eingeräumt, das sie sich ja nicht hat nehmen mögen. Und überdies geschieht es zu spät.

Dennoch: sagt Béla: spricht er gelegentlich mit ihr von Mann zu Mann.

Seine Frau streckt die Arme vor, als wollte sie den Kopf darauf zum Schlafen betten, und erwidert ihm in einer erschöpften, erheiterten, schmerzlich nachfühlenden Art, die auch diesmal nicht verfehlt hat uns zu entzücken: na was erwidert sie?

– Ach, Béla!

Fast ist dann sichtbar, wie eine Empfindung sich nicht einbüsst an der Wiederholung, sondern über die hinaus sich mit mehr Kraft versieht.

Jan fragte kein einziges Mal: Wo is 'n dn nun die Hose? (Welchen Satz ich mir eingeübt hatte, für die Stelle des anderen, den ihr mir als einzig korrekte Übung im Sächsischen zugesteht.) Denn Jan ist runter von den Hosen. Seine Hosen sind auch runter von ihm. Die beiden vorderen Hälften hängen ihm so verquer halb unter halb über dem Gürtel, dass sein kleiner weisser Bauch auf eine verfluchte Weise gekreuzigt aussieht.

In diesem Bauch hat er erst eben eine Entritis grundsätzlicher Art zum Erliegen gebracht. Béla geht ja mit Kindern in den Zirkus. Aber er denkt sich wenig dabei, ihnen dann noch sowjetisches Speise-Eis zu spendieren.

Die impfbaren Krankheiten sind dort ziemlich auf Null heruntergegangen. Hingegen haben die durch Infektion verursachten um bis zu dreissig Prozent zugenommen. Wovon später.

Jan also ist in die kalligraphische Phase übergetreten. Es muss schon dringlich kommen, wenn er sich von der Verzierung weissen Papiers durch Schriftzeichen abhalten lässt. Essen reicht da oft nicht aus. Die Texte, die er in seinen sehr runden, schrägliegenden Figuren benutzt, gemahnen an den frühen BLOCH: «Woher kommen wir? Wohin gehen wir? Wir fahren alle auf dem See. Wir fahren alle in einem Kahn.»

Wovon aber gleichfalls später.

Grässliche Geräusche entstehen im Nebenzimmer nicht so sehr durch den Wettkampf, den Jan dort mit einem kapitalistischen Kind ausübt durch Springen aus grösseren Höhen in Kissengebirge. Darauf hat er sich nun ein

Jahr lang gefreut, und überdies handelt es sich um Kunst, denn Ine nimmt das frenetische Geschrei auf Band, zusammen mit ihren anfeuernden Rufen. Das ist es nicht.

Nein, es ist ein Tannenbaum, siehe auch: entwickelte Gesellschaft. Schon die optische Erinnerung an dies Gewächs verscheucht den Schlaf. Es zeigt an seinem Stamm vielleicht zwei drei kümmerliche Zweige und ähnelt einem langen verstümmelten Hasen, der uneinschüchterbar Männchen macht. Das ist es aber immer noch nicht. Sondern er steht auf einer Spieldose, unleugbar eine Manifestation der Volkskunst, nur dass deren Feder so überanstrengt ist, dass die bekannte Melodie mal langsam mal rasend abläuft mit dem kreisenden Baum, des öfteren synkopisch aufgelockert. Das geht bis in die späte Nacht, in die allerspäteste. Noch im Einschlafen …

Das liegt am Aufziehen!

Am nächsten Morgen stellten wir uns bei dem Polizei-Revier, das der Rat des Stadtbezirkes in der Schenkendorf-Strasse unterhält, und wurden kühl abgefertigt mit insgesamt zwölf Stempeln. Es nützte da gar nicht der Nachweis, dass wir unsere Vergnügungen immerhin mit zwanzig Mark pro Kopf und Nase und Tag im Voraus bezahlt hatten. Das kapitalistische Kind glaubte sich klassenfeindlich angesehen, und seine Begleiter verliessen die behördliche Stätte mit dem klettenhaften Gefühl, es hätten ihnen nun denn doch Lebensmittelkarten ausgehändigt werden müssen, oder etwas derengleichen.

Zum Mittagessen hatte Béla sich die Frage ausreichend überlegt und mochte sie nun beantworten; wahrscheinlich hatte er einige

Zeit lang nachgeschlagen. – Der Klassenfeind: versetzte er: das seid ihr!
Einer der zahlreichen «Inter-shops» befindet sich in der Mittelhalle des Bahnhofs (wo der Gestank nicht so heftig ankommt). Der Laden war zu einer Nachmittagstunde immer gleichmässig gefüllt von einer gedrungenen Warteschlange und einem wuselnden Haufen, der an der Theke mit langen Hälsen erspähen wollte, wassis dn heute so giebt. Die Theke war nach einer halben Stunde erreicht, und tatsächlich muss Einer dann recht schnell sagen können, ob er denn the biggest selling filter cigarette of Europe haben will oder lieber eine andere, was für ein Waschmittel, welchen von drei Cognacs etc., denn ist des Käufers Plastikwanne einmal weitergeschoben, spricht keine Verkäuferin mehr mit ihm. Neben der Kasse fand ich fünf Quittungen, mit denen die rechtmässigen Besitzer von Westwährung die Verringerung des Bestands an den Zolldienstellen der Grenzübergänge erklären sollen, und als einzigen sah ich mich meine einstecken. Das machte einen kleinen Ruck im Gesicht der Kassiererin. Die Ware wird Einem ungefragt in eine diskrete weisse Plastiktüte gesteckt, denn er soll sich was denken dabei. – Hier nicks Energiekrise! wäre das Richtige gewesen. Es wurde bei mir nicht ganz das Richtige, das Angenäherte wohl.
Nun will ich nicht so sein und hinzufügen, wie denn die Frage auf der vorigen Seite begann, bevor sie sich gesetzmässig entwickelte. Wenn in einem offiziellen Papier des Bezirks Leipzig ein Satz steht wie: Da hat der Klassenfeind die Rechnung ohne den Wirt

gemacht – fragt Elisabeth unseren Gastgeber auf eine erschrocken eifrige Weise: Du Béla! Wer bewirtet denn hier den Klassenfeind? Worauf Béla in einen düsteren Gedankenbach stürzt und nur Ine es gleich weiss: Nu, die Intelljenz doch!
Dem folgte unsere Identifizierung.
Die L.V.Z. treibt es milder als Béla. So versteht sie euch und uns gelegentlich auch bloss als Bewohner von N.S.W., was nicht so scharf trifft, denn was können wir schon dafür. When in Rome … und so haben wir also den lokalen Stolz auf das S.W. respektiert, wo immer er vorgetragen wurde.
Beladen mit Gegenständen aus den Nicht Sozialistischen Wirtschaftsgebieten strebte ich vom möckerner Strassenbahnhof die Slevogtstrasse hinauf und erblickte bald am Anfang des Wiederitzscher Weges drei Spaziergänger. Die eine davon kannte ich. Neben ihr ging ein kapitalistisches Kind, im Schritt des Diskutierenden. Dann war da noch ein anderes Kind, ein schmales, ein Strich in der Landschaft, das rannte über den Schotter einem entfesselten Komma gleich. Fiel es einmal hin, blieb es liegen mit deutlichem Genuss. Da erkannte ich die Leute als jene, mit deren zweien ich einen langen Weg gemeinsam habe und deren einem einen nur so langen, wie das Gesetz es befiehlt.
Aus dem Sesenheim kann ich Euch stürmische Inszenierungen zum Thema Fernsehen, Fusskälte und eheliche Delikatessen gar nicht melden. Denn Béla war nicht da.
Es war schon sehr dunkel, da fand Jake ein freies Taxi mitten in der Sternsiedlung Nord. Da dergleichen seit Menschengedenken nicht

soll geschehen sein, mieteten wir es an zu einer Fahrt in den Stadtbezirk Süd. Da der Fahrer eine Abneigung gegen die Dr. Kurt Fischer-Strasse nährte, wählte er die Nordstrasse als Zugang zum Ring, so dass wir noch einmal Einsicht bekamen in die Tiefen der Löhrstrasse. Dies erklärten wir im Hinblicken auf Jakens budapester Zukünfte zu einem Omen.

An diesem Abend wurde gegen Bélas unerbittlichen Widerstand (er sei nicht in Stimmung, fühle sich gar nicht produktiv aufgelegt, bei jedem Vorstadt-Steh-Café-Geiger respektiere man das, etc.) jene Kassette beschallt, die Béla dann so gern immer wieder hätte hören mögen, wäre Jaken nicht immer wieder vom Hauptbahnhofe aus gewinkt worden, von jenem Zug, der ihn mitnehmen wollte zu der Stelle bei der Hauptstadt, wo es nach Budapest geht.

In einer vorbereitenden Rekapitulation, schon längst wieder auf N.S.W.-Boden, einigte Elisabeth uns auf das Stichwort «Gips & Scheinwerfer», welches ein Ereignis an diesem Abend bezeichnen sollte. Leider ist uns die Bedeutung im Schlaf einer einzigen Nacht abhanden gekommen. Wir stellen anheim. Béla aus Gips? Nachts angestrahlt? Béla beim Gipsen eines Scheinwerfers? Rätsel der Schulweisheit.

Am nächsten Morgen war es dann so weit. Béla erwies mir ein Vertrauen, wie es allerdings auch Einem zukommt, der sich seinen heizerischen Theorien mit der Demut eines Schülers naht. Kurz, Béla erlaubte mir, probeweise versteht sich, ihn auf der täglichen Reise in den Kller nein Keller einmal zu begleiten. Ich habe ihn gesehen. Es sind zwei. Für einen kurzen Moment durfte ich auch die Schlüssel halten. Da behielt er mich etwas ängstlich im Auge, aber ich entfloh nicht mit den Instrumenten seines Privilegs. Daraufhin ging er so weit, mir zu erläutern, wie er seine Briketts schichtet (nach Jahrgängen), die Schimmelbildung bekämpft (vermittels luftführender Kanäle) und wie er seine beiden Eimer optimal ausnützt (durch Staffelsysteme, die in einander übergreifen). Jetzt weiss ich mehr von ihm als selbst seine liebe Frau.

Dass ein Neuling im Fache, zwar ja wohl ein Adept, aber doch eben erst initiiert, sich an den beiden Eimern, Klassikern ihrer Art, versuchen wollte, Béla erlaubte es mit so besorgten wie ejakulatorischen Interjektionen, dass sie keines Weges seiner Haftpflichtversicherung gelten konnten. Als Ergebnis stelle ich das folgende Zeugnis aus: Der mir namentlich bekannte Herr Dr. phil. (laut Eintragung im P.A. XIII 0032924 vom 16. Februar 1972) Eberhardt Klemm ist auf Lebenszeit von gesundheitlichen Untersuchungen befreit, was mich angeht, denn aus seiner täglichen Hub- und Trag-Leistung über fast drei Treppen geht hervor, dass er uralt wird.

Ein Satz aus dem Leben eines Heizers: Wegen des starken Kälteeinbruchs können die Haushalte natürlich nur mit einem Drittel ihres Brennstoffbedarfs beliefert werden.

Hiermit bemängele ich, dass auf Herrn Klemms beide Tetanusimpfungen im Jahre 1972 nicht die dritte im Jahr 1973 gefolgt ist. Ebenso vermisse ich die Angabe der

Blutgruppen-Beschreibung an der dafür im P.A. vorgesehenen Stelle. Dies Zeugnis gilt nicht für den Verzehr von Panther-Pilzen.

Nun die beliebte Viertelstunde für alle Knobelfreunde: Wenn ein Ausweis (P.A.) am 17. Januar 1964 auf zehn genaue Jahre gültig ausgestellt ist, wann geht Béla dann in die Schenkendorfstrasse und wünscht sich einen neuen?

Der Einsender der zutreffenden Lösung erhält auf dem Rechtswege den Stadtplan von Leipzig, in der Auflage von 1971.

Als Kind hat Béla sich einen Gummistempel schnitzen lassen, in dem der letzte Buchstabe seines Vornamens fehlte. Konnte er ihn immer mit Kopierstift nachtragen und gewann zurück, was er durch den vorgefertigten Abdruck fast zu verlieren im Begriffe gewesen war: die persönliche Note.

Überwältigt begab ich mich von ihm auf die Strassen der Stadt, die in einer knappen Tageszeit gewonnenen Eindrücke in mir umzuwälzen. Das aber liess das Volk von Leipzig nicht zu. Wo ich ging, wo ich stand, von der Adolf Südknecht-Strasse bis zum Nordplatz, überall wurden dem Fremden mit der ländlichen Mütze, offenbar einem bäuerlichen Bündnispartner der siegreichen Arbeiterklasse sowie auch deren marxistisch-leninistischer Kampfpartei, Konfidenzen gemacht, Konfidenzen –! Keine Spur von Ferien. Schulung in einem fort.

So stand ich im Schillerspark und empfand innig, wie in der spitzwinklig nach oben schwingenden Linie im Dach des Uniturms eine Maxime seines Erfinders sich abbildet: ERSTÜRMT DIE FESTUNG WISSEN-

SCHAFT, war auch am Absaufen in der Frage, was noch bleibe als Ziel, sei man einmal auf dem höchsten Punkt des Turmes (der Wissenschaft, die auf ihn bezogen) angekommen – da sprach mich ein Individuum an.

Immer nur Individuen.

Da im Vorjahr die statischen Berechnungen des Uniturms noch ausschlossen, dass die in graziösen Vorstadtvillen träumenden Institute hierher ihren kompletten Bestand an Büchern mitführten, wurde ihnen auferlegt, nur mit der Handbibliothek zu kommen und das übrige Arbeitsmaterial zu deponieren in der U.B., bis nämlich die neue Zentralbibliothek planmässig erbaut sein würde. Da wieder einmal die Wirklichkeit schneller war als der Plan, keine Zentralbibliothek errichtet, liegen die abgelieferten Bücher treu und unerreichbar in den Kellern der teilzerstörten U.B.; jedoch wurden die säumigen Institute aufgefordert, nunmehr doch mit ihrem gesamten Buchbestand in den Turm zu ziehen. Denn die statischen Berechnungen wurden durch einen Beschluss auf Bezirksebene geändert.

Unnötig zu sagen, dass ich derlei Einflüsterungen keinen Glauben schenkte.

Angeblich schwankt der Turm nun doch etwas stärker, als es die wildesten Winde des imperialistischen sowie auch U.S.-amerikanischen Mittelwestens mit den Marina Towers von Chicago fertigbringen. In den Aufzügen hätten die härtestbäuchigen Passagiere das Empfinden, die Kabinen führen Kurven und könnten leicht eingeklemmt werden mit und von einer Brise, wie sie vorkommen über der braunkohlenreichen, fruchtbaren und im wesentlichen ebenen leipziger Tieflandsbucht. Unnötig zu sagen ...

Wenn Einer nun aber weder Passierschein noch Bekannte hat in dem himmelstürmenden Gebäude, wie soll er sich durch eigenen Augenschein von der Ungerechtigkeit solcher Gefühle überzeugen?

Die Versorgung des Turms mit einem Innenklima soll nach Auskünften der Verwaltung innerhalb eines Jahres sich eingespielt haben. Was das Klima bis dahin spielt, erfährt der Besichtiger der Besichtigungswürdigkeiten nur mit Passierschein. Übrigens ist dies eine interne Ankündigung. An Leute, die der Universität ferner stehen, also etwa in Schillers Park, wird die Auskunft gegeben, das Innenklima des Turms werde erst binnen zwei Jahren stehen. So ist eine vorzeitige Erfüllung des Plans fast schon ins Werk gesetzt. Der entsprechende Turm in Jena («Seid verschlungen, Millionen») ist angeblich gebaut worden für einen Zweck so geheimer Art, dass er nicht einmal im Schillerspark ausgesprochen werden darf. Man wird sich ein Denkmal vorstellen dürfen. Als er fertig war, erwies er sich als nicht brauchbar für den unaussprechlichen Zweck und wurde der Friedrich von Schiller-Universität übergeben mit der Auflage, ihn nun aber auch planmässig zu benutzen. Seitdem erweist er sich in einem fort als für Arbeiten & Geschäfte der Universität Jena nicht brauchbar. Unnötig zu sagen –.

Ich glaube, die Leute dort sind einfach gegen diese Art Türme.

Auf dem Marktplatz wurde mir mitgeteilt, er habe vor dreihundert Jahren etwa achtzig Zentimeter tiefer gelegen. Unnötig zu sagen –.

Die Umbenennung eines Hotels Deutschland in eines am Ring soll gut und gern eine dreiviertel Million gekostet haben, selbst wenn man einen Zwischenverkauf nach Gelsenkirchen (Badehandtücher, Geschirre, Bestecke) und ein reges Interesse in Südamerika annehme. Unnötig zu sagen –. Immerhin kann einer unserer Freunde nunmehr daran entlangfahren, ohne dass ihm von einem obszönen Worte übelt.

Wo ich auch hinging, badete ich in der wollüstigen Sensation, dass in dieser Stadt endlich einmal das Angebrachte angebracht wurde und versuchte mich auch selbst in dieser sächsischen Sprache. Wäre mir in Stralsund, Pankow, Wismar nicht im mindesten beigekommen. – Da gommt Walldr …: sagte ich und musste, versteht sich, dann jeweils gleich gehen.

Noch einmal besuchte ich den Hauptbahnhof, die historisch bewegende Stätte des Eisenbahnkrieges von 1902 zwischen den Preussischen und Sächsischen Staatsbahnen, weswegen mir der östliche Teil immer noch als der «sächsische», der westliche jedoch als der «preussische» im Gemüt liegt. Von dem einen zum anderen wandernd, erwischte ich mit einem Seitenblick, dass der Intershop wieder einmal in einer halben Stunde umsetzte, wozu unser gutes altes menschenfeindlich-kapitalistisches Kaisers Kaffee Keschäft anderthalb Tage brauchte. Auf dem Querbahnsteig hielt ich die Nase schuper nein schnuppernd erhoben: Nichts. Es waren nicht die richtigen Leute da zum Abholen oder Wegbringen. Geblieben sind die halbmeterbreiten Besen in den Händen jener kärtigen (kawohl) Frauen, die uns in ihrer Eigenschaft als Zimmer-Vermieterinnen als die wahren Freundinnen der Musen erschienen sind. Hinter einer solchen Besenprozession her rutschte ein gebückter Mann mit einer Schaufel, die war ungefähr ein Drittel so breit wie jenes Instrument zur sozialistischen Gross-Produktion.

Einiger Maßen ratlos begab ich mich zu dem Stadtanzeiger, der euch auf einem Strassenplan die von euch gewünschten Dienststellen, Hotels, Strassenbahnhöfe mit Leuchtpunkten anzudeuten verspricht. Selbst die Apparate riechen es. Berührt ein kapitalistischer Finger seine Knöpfe, rührt er sich nicht im geringsten.

Hingegen beruht der besondere Vorzug des Bahnhofsvorplatzes auf seiner Geräumigkeit. (Brockhaus-Stadtführer Leipzig, verfasst von Walter Fellmann und Karl Czok, erschienen im V.E.B. F.A.Brockhaus Verlag zu Leipzig 1971, Kapitel Sehenswürdigkeiten, Seite 64.) Unnötig zu sagen –.

Am Nordplatz wurde mir unter einem Deckmantel etwas erzählt, was euch beliebig die Haare sträuben machen darf, da ihr es eben so wenig verstehen werdet wie ich. Wieder so ein Individuum, offenbar an Oberschulen beschäftigt. Wer kennte sie

T diese Typen!

nicht,T Nach dieser Darstellung ist bei den Wahlen zu einer F.D.J.-Klassen-Gruppen-Leitung nicht so erheblich, wen die Klasse zu ihren acht Vertrauensleuten zu wählen

wünscht, als was für einen Prozentsatz an A.- oder B.-Kindern der Genosse Jugendfreund Lehrer zu erzielen wünscht. Es kann vorkommen, dass er die vorgeschlagenen I.- oder gar H.-Kandidaten vor der Klasse Aufstellung nehmen lässt und sie dann politisch, moralisch, gelegentlich auch nach den Schulleistungen demontiert. Werden sie dann aber, so gut er sie zum Heulen gebracht hat, dennoch gewählt, so ist der Jugendfreund beese. Unnötig zu glauben, dass ich dies weitersage.
Es herrscht unter den Schülern eine völlige Gleichberechtigung. Einem I.-Kind wird jede Zensur und jeder Tadel angekreidet; einem A.- oder B.-Kind nun nicht allenfalls. Denen müsse man doch helfen.
Kurz vor dem Abschluss der zehnten Klasse entscheiden die verschiedenen leitenden Gremien, wer bis zum Abitur bleiben darf. Da ist es nicht immer gut, wenn man ein I.-Kind ist. Aber auch A.-, B.- und H.-Kinder können an diesem Graben scheitern, wenn sie nur männlich sind. Weigern sie sich, eine Verpflichtung zur N.V.A. auf Zeit zu bekennen, also auf das Doppelte, drei Jahre, so hilft ihnen weder dies noch das noch dass sie vielleicht als P.-Kind zu rechnen wären. So ähnlich bei der Zulassung zum Studium. Wer das glaubt –.
Eines der Individuen war eben zurückgekehrt von einer Reise in die H.d.R. und erzählte von einem Bauvorhaben gegenüber jenem Reisebüro, das bekannter ist unter dem Namen Winzerstübchen. Die planmässig fertige Sache soll eines Tages bestehen aus einem grossen Komplex für die P.d.A. & B., einem kleineren für die Volksversamm-

lung und allerhand Umbauungen des Langen wie des Breiten von einer Länge über 200 Meter. Der Grundriss verrät die prophetischen Gaben seines Erfinders einmal mehr, als er sich zum Buchstaben H vereinfachen lässt (der Grundriss). Das soll werden der Palast der Republik und wird es nun nicht mehr. Es leben zu viele Menschen in der H.d.R., eines rührigen Volksstamms nämlich, die den Anlaut dieser Bezeichnung P.d.R. in einer etwas österreichischen Weise aussprechen würden (Schulbeispiel für Italienreisende: «Strandbinien»). Daher der neue Name: H.d.V., Haus des Volkes, wo ja nicht einmal mehr der possessive Genitiv, wenn's denn einer ist, den besichtigenden Ausländer verwirren kann.

Sobald ich die Formel hörte von der zweiten Totalzerstörung der berliner Innenstadt, schlug ich den Kragen meines Mantels hoch um mein Gesicht und hätte nun jedermann beweisen können, dass ich das nicht gehört haben wollte, ausgenommen immer dem, der's mir nun einmal gesagt hatte.

Vom nächsten Morgen haben wir denn nun doch einmal einen Anfall von heimatlicher Erinnerung zu melden: den Andrang mit Kohle verdickter Luft durch das geöffnete Fenster.

Leider sieht man dann um das Nachbarhaus wieder das Gerüst, das schon im vorigen Jahr dort auf etwas wartete, und verliert an dieser hegelsch gesehen falschen Wiederholung das richtige Gefühl.

Über den Spaziergang, den ich an diesem Tage unternahm mit einer Person aus der Funktionärshierarchie einer E.O.S. von Leipzig, kann ich nur sagen, dass er mir eosfingrig durchs Bedenken tasten wird für noch lange Zeit, sowie dass unter E.O.S eine Erweiterte Ober-Schule zu verstehen ist ohne Ausschluss einer Zukunft im Sektor Dienstleistung für gewisse Angehörige der zehnten Klasse, und die Daten: von Leipzig Hbf. über den Tröndlinring (vorbei an der Löhrstrasse!), den Friedrich Engels-Platz, die Klemens Gottw- Verzeihung! die Friedrich Ludwig Jahn-Allee, durchs Rosental (oh treues Gedenken am Zöllner-Denkmal, Frühlung Frühlung Frühlung!), über die Leutzscher Allee auf die Landauer Brücke, durch das Verschlossene Holz und die Gottge, dann wieder nördlich durch die Rathenaustrasse bis zum Endpunkt der Linie 13, dem literarisch so erspriesslichen Bahnhof Leutzsch (Haltepunkt der Stadtbahn), unter der gesperrten Strasse und den Gleisen durch einen filmdüsteren Tunnel hindurch ins Hasenholz und das Holz am Wahmer Weg (N.S.G.) über die Nohle, über die Hans Esche-Strassen-Brücke aufs nördliche Ufer der Luppe, vorbei am Camping-Platz Auensee, auf der Höhe von Stahmeln zurück aufs südliche Luppenufer und von dort an in einem fort bis zum Hänicher Weg (ganz recht, der Stelle, wo ein Schild das Ablagern von Abfall verbietet und mehrere Bürger mit dem Verbrennen von Abfall zugange waren), dann über die Brücke des Hänicher Wegs nach Norden (entlang an Schildern mit der Schrift ACHTUNG STRASSENVERSCHMUTZUNG, die ihrerseits erklärt wurden durch Schilder, die in graphischer Vereinfachung einen Mann zeigen in dem Momente, in dem er gerade eine Schaufel in einen schmutzähnlichen Haufen sticht), durch den Auenweg endlich auf die Hallische Strasse und nun bis zum Kulturhaus Lützschena; später zurück mit der 29 bis Wahren und der 28 in den Stadtbezirk Süd. Das ist alles, was ich dazu sagen kann.

Ohnehin wärt ihr mehr interessiert an Kontakten auf intelleller Ebene. Da biete ich euch für diesen Abend einen promovierten Wissenschaftler, der seine Verbundenheit mit den Massen auslebt durch Verfassen eines Führers durch ein südostasiatisches Land, es kann aber auch Katmandu gewesen sein. Leider ist ihm von allen sieben Möglichkeiten, das Wort Katmandu auszusprechen, keine als ausreichend sicher bekannt, und hat er auch durchaus nicht jenes Land aufgesucht, über das er dem reisenden Republikbürger nun Eizes gibt hinsichtlich des Umgangs mit Taxifahrern, japanischen Grossindustriellen, individuellen Prostituierten sowie dem Peron nein Perron, von dem die Stadtbahn zum Flugplatz braust. Er selbst, so gibt er an, wünscht nach diesem seinem Buche nicht zu reisen in Katmandu, aber eine Ehre sei der Auftrag immerhin doch gewesen.

Es kann auch an einem anderen Abend gewesen sein. Weiterhin ist möglich, dass ich es geträumt habe. Da ich es ja selber nicht glaube.

Zum Beweise dessen: es hat mir geträumt, dass Béla einmal als Hausgast einen Studenten aus dem W.D.-N.S.W. einlud, der in seiner Heimat der Politischen Polizei bekannt ist als ein Anhänger maoistischer Weltsicht, dass aber weniger als drei Stunden nach seiner Ankunft in der Wohnung zwei Angehörige der Unpolitischen Partei der Messestadt des S.W. Einlass begehrten und Aufklärung über den Aufenthalt, die Absichten und das Gepäck des exotischen Gastes, bis zu seiner Rückkehr von der Meldestelle aufs freundlichste bewirtet von Bélas Frau, die es aus dem Grunde versteht, solchen wie jenen Besuchern ihr Heim zu einem Haus zu machen. Das letztere nicht, aber alles andere muss ich geträumt haben. Woher kann ich, erfahrener Reisekader, es denn sonst erfahren haben?

In all diesen Tagen, noch lieber in den Nächten, es wuchs wiederum etwas zu auf Béla. Wir anderen sahen es wohl, vielleicht auch er ein wenig, doch achtete er sein nicht. Es war ein Termin. Aber immerhin erst einer, der im neuen Jahr würde zu erfüllen sein. Und was hatten wir vorliegen? Ein einwandfreies 1973, nicht wahr! Der Termin, behaglich zuhörend, dehnte sich in seiner Flasche und träumte sich heran an jenen 7. Januar 1974, an dem er Béla erscheinen würde in Gestalt eines ostberliner Rundfunkstudios, wo sein Opfer dann, aus geläufigem Munde zu Stücken von Ives-Schallplatten sprechend, eine dreiviertelstündige Sendung würde zu produzieren haben. Béla drückte den Propfen in diese Flasche ein wenig tiefer und zog einen heraus aus einer anderen, mit der beiläufig wegwerfenden Frage an Elisabeth: Darf ich dir noch – ein wenig! – von diesem, übrigens: vorzüglichen! ja. Also: Möchtest du noch, etwa – ?!

Es steht einem Besuche nicht zu, und pünktlich wähnt er sich in die Ecke hinterm Ofen gewiesen, wo Kinder und Hunde ihre Sünden durch stilles Stehen und Hungern ihrem Leibe abzubüssen haben, wenn ein Mensch von keiner anderen Qualität⊥ eines Besuchs den Hausherrn bittet, er möchte doch nur zwei Stunden des vergehenden Jahres jener Sendung mit Vorarbeit widmen, da doch die Entfaltung der Kulturpolitik und der deutschsprachigen Musik – wahrhaftig kann Béla dann aussehen, als habe er etwas zerbissen in seinem Munde. Etwas Unbekömmliches. Fast wird es ihm nun den Abend verderben. Nachsichtig teilt er dir mit: Wenn er nun doch einmal nicht in Stimmung sei. Ob du dieses nicht an dir zu erfahren vermochtest.

⊥ als der

Daran lag es auch, dass eine fertig adressierte leipziger Ansichtenpostkarte⊥ drei Tage lang sich umhertreiben musste auf den Bücherregalen, den Tischen des Salons (nicht etwa in jenem Zimmer, wo Béla Vorrichtungen zu seiner Arbeit stehen hat). Es war durch Bélas besondere Beziehungen zu jenen tübinger Grossmächten entschieden und bestimmt, dass nicht irgend wer, sondern er den ersten Satz würde zu schreiben haben ...

⊥ an Blochs

Im Fall, Ihr hättet gern ein Hohes Tier im zuständigen Ministerium werden wollen, oder auch nur ein Organ, Ihr kämt längst zu spät. Vor Jahren hättet Ihr schon ein paar Semester auf den Sperlingsbergen bei Moskau die Wahrheit erlernen und begeisterte Briefe nach Hause schreiben sollen, betreffend die heimische Trägheit und die Fortschrittlich-

keit im sowjetischen Denken, die sich äussert zwar auch in der äusseren Bekachelung eines Gebäudes, jedoch in der gleichzeitigen Aufstellung eines Zaunes um das selbe, mit warnenden Schildern wie: Achtung, Kachelabfall! So früh habt ihr nicht von der Sowjetunion das Siegen gelernt; jetzt sitzt ihr aber auch nicht ganz oben und könnt euren grünen Chefstift über Durchführungsverordnungen wie Kaderakten gleiten lassen, Ihr gehört zu jenen Parias, die müssen sich ihre Bücher selber schreiben ...
Da war mir aber schon bewusst, dass es nicht ein Traum war, aus dem mir solche Sachen beikamen. Meine guten Sitten zeigten sich in leisen Einwürfen, bei Gelegenheit: man möge es mir nicht verübeln, aber dergleichen Sachen zu glauben sei ich nun einmal nicht imstande. Unnötig zu sagen –.
Es war kein Traum. Wovon aber, wie angekündigt, später.
Oft erschien mir im Gehör jene Freundin Bélas, die – (Nein. Nicht die am Connewitzer Kreuz, wo Béla ja nicht einmal mehr das Haus weiss, von der Strassenseite zu schweigen. Auch nicht jenes willige Paar vom Ostplatz. Weiterhin nicht die mit der sturmfreien Bude in der Mariannenstrasse, Leipzig Neustadt. Unter den unzählig möglichen besonders Eine.) das Wort prägte: Wenn Béla mich zehn Minuten lang nicht unterbricht, weiss ich, dass er mir nicht mehr zuhört!
Béla hört viel kunstverständiger zu als sein Sohn Jan, bei dem eben noch die Natur sich manifestiert. Jan lässt sich eine Weile lang erklären, warum er, zum Beispiel, nun bitte nicht vom Ofen springen möge. Er weiss,

die Belehrung gehört zur Sache. Aber er begreift ihren formalistischen Charakter und nimmt sich mit der schönen Unverhofftheit eines Blitzschlages sein Recht zur Qualitativen Unterbrechung. – Nein! sagt er. – Gleich! ruft er aus, gar nicht erregt, denn es ist ja sein jeweiliges Bedürfnis das Natürliche. Und handelt es sich um ein Unternehmen mit Assistenz, versucht er die betroffene Kaderperson durch bestimmte Zerrbewegungen an den Ort zu bewegen, wo sie in diesem Seinen Sinn zur Vernunft gehörig werden wird. Er ist eben in allem unsere Junge Garde.

Wir wussten es, seit er in früherer Jugend um Erlaubnisse einkam wie: ob er denn nun die Toilette benutzen dürfe. Hatte er eine gewisse Teilmenge Genehmigungen eingeholt (allesamt gerührt erteilt), so war er sich bewusst, der Rest sei frei.

Am Sonntag war der Himmel kühl, klar, von einer Strahlkraft, wie sie eben nur über einer im wesentlichen ebenen Tieflandsbucht aufzutreten vermag; das Wetter insgesamt von der Art, die den Wissenden einlädt, hinterm warmen Ofen auf die Partituren gebückt eine Wende im Staatlichen Rundfunkkomitee einzuleiten, und ich machte Béla einen entsprechenden Vorschlag. Denn geheizt hatte er schon. Auf einen anderen Refus war ich nicht gefasst. Er kam in der Gestalt eines kurz vom Kehlkopf gesprengten Jalauts und der Frage: Na und ihr? Was macht denn ihr? Und wir. Zwar bestens vorgesorgt hatten wir nicht. Die Berufsleipzigerin Julie von Klemm und die Bewusstseinsleipzigerin Elisabeth hatten sich bereitet, diesmal im Südwesten der Stadt in die Irre zu gehen.

Ine hatte eigene Geschäfte. Ich war durchaus willens, mit den verbliebenen Kindern einen Gang zu unternehmen, so dass Béla ganz ungestört ... Das war mein Verderben. Béla gab sich gefasst, wenngleich schon mit einer Bewegung in den Schultern, als hinge er sich auf einer sehr offenen Bühne einen weitfallenden Umhang über, und Béla fragte: Woran hättest du denn so gedacht? Wie –?

Das könne Béla doch nicht interessieren. Eine beliebige Strecke. So auf Meusdorf zu.

– Beliebig?! rief er aus. – Nicht von grossem historischen Interesse?! Wie kannst dn du das meinen, das sind doch die Höhen!

Aus diesem Grunde begann Herr Dr. phil. Eberhardt Klemm am arbeitsfreien Sonntage eine gebildete Exkursion, zusammen mit seinem Sohn, mir und noch einem kapitalistischen Kinde. <Sie] [begann in jener Strassenbahn 24, die noch aus den Zeiten von Bélas Stadtrat ja ohnehin vor seiner Residenz zu halten gezwungen ist. Nur dass wir da nicht einstiegen; Béla hatte noch etwas mit einem Briefkasten zu erledigen, wofür er selber das Wort Selbstverkehr benutzt.

…in det sich so bloss tarnend beschrieben.) Die Exkursion

In der Bahn redeten wir vorläufig wenig. Es war auch nicht erforderlich, denn wenn Jan in einer Seitenstrasse einen neuen komischen Bus sah, erläuterte Béla ihm den Zwischenfall, von der kantigen Form bis zum Unterflurmotor, vom Reiz der Neuheit bis zum, oh ja, man kann es sagen, einem gewissen Momente der Komik.

Man kommt da über die Eisenbahnstrecke, auf der ich sonst nach München fahre, nichtsahnend, dass über meinem Kopf Béla mit seinem Sohne …

Schweifenden Blickes … Erinnert ihr euch noch an die westlichen Stadtbahnvandalen, mit denen damals so Vieles begann, auch endete? Jener grosse Aspekt der nicht nur personalen Geschichte? Nun. Blickt ihr aus den Fenstern der südwärts fahrenden 24, seid ihr leicht vermeinend (und es war kein Traum! wovon aber später), sie seien überall, oder doch bis vor einem Augenblick noch gewesen. Com'io.

Gehörig am nördlichen Ende der Helenenstrasse ausgestiegen, suchte Béla sogleich das Weite, mit nichts als dem Bemerken, eine Erinnerung übermanne ihn. Erklärt nun doch Ihr einem weiblichen kapitalistischen Kind, wieso es denn immer Männer sein müssten, die Béla überkämen, und nicht ab und an ein weisser Elefant in Gestalt einer Frau! ich blieb mir volksentfremdend treu und erläuterte den höheren Materialwert von Männern in Kriegen jeder Art, auch der halbgerechten.

Jan war ganz ruhig geblieben. Er kannte dergleichen Anfälle bereits; weiterhin war ihm die Gegend vertraut. Steigt er doch immer hier von Vaters Rade ab, damit sie beide Seit an Seit über die Mühlpleisse in die waldige Gegend schreiten, in der Béla noch diesen November Pilze gefunden hat in Mengen, in Mengen! so dass Spaziergänger zu Hauf ihn fragten, ob denn auch essbare darunter seien.

Wenige Minuten denn, und Béla war zurück. Ein verschollener Freund war ihm eingefallen. Hatte er mal das Namensschild nachgesehen. Doch. Der verschollene Freund wohne da noch.

Und wie wären wir nicht verloren gewesen ohne einen kenntnisreichen Führer in der Helenenstrasse! Wer als er konnte uns mit farb- wie bewegungsstarken Worten ausdeuten, wo Jung Eberhardt die Spiele und Streiche seiner Jugend vollbrachte, mit Sprüngen von Garagendächern ebenso gewissenhaft wie dem Unterricht im Parke des untergegangenen Schlosses Dölitz (wobei es sich glücklich traf, dass Béla zu Hause war des Nachts, als die angloamerikanischen Terrorbomber es zerkloppten). Auch wurde uns auf das unabweisbarste ein Balkon gezeigt. In dem Hause muss noch immer ein Gemütsverwandter unseres Freundes wohnen, denn in einem Mülleimer sahen wir Asche von so feiner weisser Qualität, wie sie nur ein begabter Heizer seinem Ofen entnehmen kann. Auch missachteten wir keineswegs die bäuerlich anmutenden Häuser auf der anderen Strassenseite, die der junge Eberhardt kennen gelernt hat unter dem Namen «Geschosshäuser», nach den Kugeln der Völkerschlacht, die sie in ihrem Gemäuer tragen als Schmuck und Mahnung, dass sie die selben schon empfingen im zarten Alter von zwei Jahren. Wenn diese Häuser also gebaut sind im Jahre 1811, Jan, wann war denn die Völkerschlacht? Auch das kapitalistische Kind wird es sich nun merken können, und wie erst profitierte ich von solchem Unterricht im Freien.

Die Leinestrasse, der wir im Folgenden gehorchten, verdankt ihren Namen dem etwas stinkenden Abzuggraben, der sie etwas begleitet am Anfang, und nicht jener imperialistischen Mäanderei, die frühjahrs nieder-

⊥ ‹Bélas Auskunft.› sächsische Wiesen überschwemmt. ⊥Rechts, südlich, denn nun also, Bélas nächstes Schulinstitut, das gleichfalls von Bomben getroffen wurde in einer Nacht, in der Béla wo anders war; übrigens so rasch gelöscht, dass der Rektor, an einer anderen Stelle Leipzigs beim Luftschutz tätig, fast nicht mehr einzugreifen brauchte, und war doch der Rektor, und hiess Klemm.

Diesen anderen Klemm besuchten wir nunmehr auf dem Friedhofe von Dölitz, denn Béla hat seines Vaters Urnengrab aufheben lassen, weil man nach zwanzig nein fünfundzwanzig Jahren Liegezeit solche Anträge stelle –

Manchmal zog ich doch das kapitalistische Kind ein wenig zur Seite und raunte ihm andere Möglichkeiten zu.

und Béla nun die Ausführung seines Auftrags durch die zuständigen Behörden nachprüfen wollte. Tatsächlich war sein Vater schon ersetzt durch eine andere Belegung, und obwohl Béla diese Pünktlichkeit seinem Sohne lobte, fing der mit einem Mal an, eine ganze Berufsgruppe zu beschimpfen, die sich offenbar zusammensetzt aus Hunden, Schweinen, Idioten, etc.

Auf dem Wege nach Dösen erörterte Béla mit seinem Sohn folgende Themenkreise:

Wenn so ein Dorfteich wie der dösner mal anders zugefroren sei als an diesem Tage, komme es vor, dass Jungen, Jungen wie du, Jan, und ich –

Was ein blinder Passagier ist.

Welche Art von Todestrafe wo praktiziert wird. (Die spanische erläuterte er durch zartes Auf- und Anlegen der Hand an seinen Sohn.)
Was ein Braunkohlentagebau macht (der tatsächlich im Norden zu erblicken war, wo unser einer bisher doch das Landschaftsschutzgebiet der Fluren von Lössnig und Probstheida zu erwarten sinnens gewesen wäre).
Nach dem Verlassen des Ortsteils Dösen kündigte Béla die versprochenen «Höhen» an.
Den wahrhaftig wenig verstellten Ausblick in die verdunstenden Sonnenschatten wusste ich nicht angemessen zu würdigen, denn ich war noch beschäftigt mit dem Anblick eines Schildes, das nicht anders zu deuten war als dass wir Leipzig nunmehr verlassen hätten. Unsere Aufenthaltsgenehmigung war beschränkt auf den Stadtkreis Leipzig. Gleich darauf kam uns ein eleganter Polizeiflitzer entgegen, der Beifahrer, so schien mir, mit angelegtem Fernglas. Gerettet glaubte ich mich für dies Mal noch nach einem Blick in den Stadtplan, wo die Stadtkreisgrenze auf der rechten, südlichen Seite verläuft. Da kam der schicke Flitzer zurück, mit halb rückwärts gewandtem Beifahrer, der uns, wie ich meinte, mit einem Fernglas zuwinkte, nicht ohne Jovialität. Darauf hielt ich die Kapitalistischen von uns immer schön links T dauerhaft gewärtig, dass eine Stadtplanauflage von 1971 doch inzwischen überhaupt so stark überholt sein könnte von der Wirklichkeit wie das L.S.G. auf der Flur von Probstheida.

…i Volkspolizisten
…d Freunde der Sowjetunion!"
…NKOW, Berliner Straße >

T auf der Strasse,

Als wir eine recht hohe Mauer erreicht hatten, zwar im Putz bis zur Scheckigkeit erkrankt, aber immer noch die Umgebung zweier hoher grauer Häuser mit vergitterten Fenstern, bereitete Béla seinen Sohn ein weiteres Mal auf das Leben vor, indem er sprach mit deutender Hand: Siehst du das, Jan? Das ist da, wo der Onkel Jake mal – gelegen hat. Gelegen, verstehst du! Verstehst mich, wie – ?

Manchmal zog ich denn doch das kapitalistische Kind ein wenig zur Seite …

An jener Ecke der Leine- mit der Karl Marx-Städter-Strasse kündigte ein Schild uns an, dass wir nunmehr Leipzig Süd beträten. Nach dem Plan war es allerdings der Stadtbezirk Südost und im besonderen Meusdorf, durch das Béla uns so sicher führte, dass er uns über jeden der dort durch Strassennamen geehrten Schriftsteller eine fundierte Anmerkung machen konnte. Lediglich bei Wittgenstein hatte er so seine Zweifel.

So konnten wir gar nicht anders als in der Höltystrasse anlangen vor dem Haus, das es nicht sein konnte. Denn ihm war rechts nein links eine Garage angebaut mit fast fabrikfrischer Bedachung, die sich von der des Hauptgebäudes in keiner Farbtönung abhob –

ihr seht, dass ich gelegentlich unterm Schreibmaschinentische die Knöchel gekreuzt halte –,

da hatte Béla schon längst wieder allerhand Gesten zu unser aller Nutzen ausgeführt und konnte den gleich darauf verschreckt aus der Haustür lugenden Besitzer in genau dem richtigen Dialekt konfrontieren mit der Frage: Ob er wohl entschuldigen möge, dass dies das Haus sei, in dem mal die Frau Menzhausen –. Das war es, und Béla sagte dem verwirrten Manne, da sei nichts zu danken, oder was immer Umgekehrtes da am Platze war, denn das war es.

Wenn Jan in der Strassenbahn fährt, und sei es die 15, er fühlt den einmal eingenommenen Sitz Teile des eigenen Rückens nachbilden, ein Stück ist der Sitz nun von ihm, insbesondere, wenn er eine Einer-Einheit erwischt hat. Da verschlägt und nützt es älteren Damen ganz und garnichts, wenn sie sich süss lächelnden Mundes neben ihm aufstellen und ihm wohl auch gross Verlockendes ins abgekehrte Ohr raunen. Das ist Jans Platz. Bald greift auch der Vater ein und ruft, auf einen weiter entfernten und weit weniger aussichtsreifen Platz weisend: Nu hier 's doch nu ooch noch ws frei!

So konnte Jan denn doch durch angestörtes wie auch sitzendes Vorbeifahren am Völkerschlachtdenkmal feststellen, dass es von weitem so aussieht wie es in der Nähe ist.

Wenn Béla dann am Ostplatz aussteigen will in den Bus A, so mache ich über die Lokalität durchaus nicht Sottisen. Denn wie könnte ich annehmen, er verstünde sie nun noch, hier und heute?

Lasst uns nun lieber ein wenig mehr auf Jan achten. Wird er nämlich im Bus A in einer Zweierkombination eingeklemmt, wenngleich am Fenster und von einer Siebzehnjährigen, die gar nicht nach menschenfressenden Gewohnheiten aussieht, so ringt er sich in den Raum für Stehplätze frei mit panischen Bewegungen, die an die eines ertrinkenden Nichtschwimmers gemahnen. Dann lässt er sich lieber auf seine kleinen Füsse treten.

In jenem Lande verkauft man immer noch jene Klemm-Mappen für das Format DIN A 4, die unserem gleichmacherischen Grün so unvergleichlich die Palme entringen mit ihrer schwarzgrauen Lasierung, wenngleich nicht mehr mit einem Rücken aus Leinen, sondern einem solchen aus Lederit-Lederol. So ein Dings wollte das kapitalistische Kind gern haben. Ohne Zögern fuhr Béla eines Morgens mit ihr zur Kaufhalle am Connewitzer Kreuz, denn was ihm an Pflichten gegenüber der Wissenschaft und Kunst bewusst war, hatte er durch Heizen längst erledigt. Tags darauf erkannte Jan, dass er zwar auch so eine Mappe besass, genau so verarbeitet, nur eben strahlend blau. Weinend saß er dann auf dem Bette, die eigene Mappe fest in die Bauchkrümmung gepresst, lauthals klagend, dass das kapitalistische Kind seine, Jans, Mappe nicht eintauschen wolle gegen die, die er hier halte, die aber die seine nicht sei! <Vollständige Lesung L

L gegen Subskription

Jan hat eine Füllfeder bekommen, eine neue, eine aus dem N.S.W. Frohgemut beginnt er eine neue Entwicklung in seiner kalligraphischen Phase, und wie so manchem Künstler mag ihm geschehen, dass er im Eifer des Schaffens des Instrumentes nicht so recht achtet. Andere würden da die Hände überm Kopf zusammenschlagen, klagend wie Hiob; Jan denkt an die Zukunft. Zunächst stellt er sie sich vor. Seine sorgfältigen Berechnungen ergeben, es werde an einem durchaus nicht zufallig eintretenden Punkte der planmässig verlaufenden Entwicklung von seiner Seite her eine Aktion erfolgen müssen. Eine Bemerkung, um genau zu bleiben. Jan legt sich in einem gegenwärtig sonst nicht bewohnten Zimmer auf den Teppich, schon um drauf zu bleiben, und spricht konzentriert vor sich hin: Aber die Feder war doch schon so! Abr de Feder war dch schon so! Abr de Feder waar dch schoon so! Solche Übungen, werden sie denn sorgfältig unternommen, bedürfen einer nicht unbescheidenen Lautstärke. Jan ist eigentlich in allen Räumen der Wohnung gut zu vernehmen.

Dann tritt Jan vor seine Mutter und weist ihr die beschädigte Feder. Es folgt von ihr genau die Antwort, die er unabweislich gemacht hat. Darauf sagt er glockenhell, beiläufig vor Gerechtigkeit, aus dem Grunde seines Herzens überzeugend: Abr de Feeder waar dch schn soo!

– Sonst: gibt das kapitalistische Kind zur Auskunft: Ist Jan eines der nettesten Kinder, das ich kenne.

Worauf ich eben leider nicht erwidern konnte in meiner entlarvten Schande: Na! Was du schon so für Kinder kennst!

Angesichts einer besser geeigneten Denunziation setze ich hierhin die Abschrift einer Resolution, die das kapitalistische Kind bei einer ganz unverwandten Gelegenheit aufgesetzt hat und die ich heimlich entwendet habe, nur um euch einen Beweis von Gesinnung im N.S.W. Westberlin zu geben:

«Sehr geehrte Pioniere der Pionierorganisationen «Lenin» und «Ernst Thälmann», wir danken für euer Angebot, aber wir brauchen es nicht. Wir haben es uns gründlich überlegt und sind zu dem Schluss gekommen, dass wir von jedem Staat unabhängig sein möchten, sei es nun die B.R.D. oder die D.D.R. Ich hoffe, Ihr seht das ein. Wir wünschen euch viel Erfolg auf sozialistischem Gebiet» (folgt eine Unterschrift).

Sonst ist Jan eins der nettesten Kinder, das sie so kennt.

Von nun an weiss ich nicht mehr viel.

Auftrat Frau Zeibig, lange verwundert, dass ich ihr auf den Kopf zusagen konnte, sie sei mit dem Bus A gekommen.

Sie ist nun so um und um geschult, aber eine medizinische Praxis will sie immer noch nicht eröffnen.

Sie hat Stauprobleme, die denen Bélas mit seinen Schallplatten qualitativ gleichwertig sind. Sie weiss nicht wohin denn nun mit all diesen Orden und Ehrenzeichen, die ihr in so und so vielen festlichen Feierstunden überreicht worden sind, handle es sich nun um das, woran man einen Aktivisten erkennt, oder jenes, mit dem das Mitglied einer sozialistischen Brigade auffällt, oder sei da schlicht jene Medaille hingestellt, die treue Verdienste um das Gesundheitswesen rühmt – sie wohnt eben nicht in einer vielzimmrigen Villa.

Den Usancen gemäss versicherte ich mich honorarfrei ihres medizinischen Beistandes mit der Frage: ob das Empfinden, es sei einem der Hals bis ganz unten ausgelegt mit tiefgekühlter Aluminiumfolie, wohl hinauslaufen könne auf die Wirklichkeit einer grippalen Infektion.

Sie wies, den Usancen gemäss, jegliche Verantwortung von sich und erklärte mit diesem Vorbehalt: Da sei ich auf dem besten Wege.

Danach weiss ich nichts mehr. Es ist eben so, dass die durch Impfung abdrängbaren Krankheiten einerseits … die von Infektionen aufgepäppelten andererseits … und glaubt nur nicht, dass ich das denken konnte! Denn den grösseren Teil des Silvestertages verbrachte ich im Fieber, 38.6 will man gemessen haben, und wusste durchaus nicht, was ich tat. Es war schon dunkel, da erkannte ich jemand vor meinem Lager, der tat die Frage: Ob ich denn nun so weiter den ganzen Tag … Dem vermochte ich nicht zu widerstehen.

Es soll ja solch Fieber abends abnehmen, aber Brigitte war nicht anwesend, von der ich geträumt hatte, sie sei da.

In diesem benommenen Zustande traute ich kaum einer meiner Wahrnehmungen. Elisabeth will diesen 31.12.1973 verbracht haben in einem Hause, in dem ein Kind nun immerhin schon bis zum achtzehnten Lebensjahr und Abitur erzogen wurde im Geiste anfangs des einfachen und später des entwickelten Sozialismus. Dies mannbare⊥ ich meine das intellektuell, wünscht sich von uns so eine Windjacke. Da ich dies nicht glaubte, habe ich es mir sogleich aufgeschrieben und wusste zu Hause gar nichts damit anzufangen. Da sollte es auch gar keine Windjacke gewesen sein, sondern ein Parka. So ein grünes Ding, so ein Umhang, wie die Eingezogenen, die von der U.S.-Regierung Ausgegebenen Soldaten ⊥ sie im Kampfe zu tragen haben. So eine. Weil Elisabeth mein zweiflerisches Verhalten am Ende auf die Nerven ging, nahm sie mich in Westberlin mit zu einem Laden, dem die

⊥Kind,

⊥ <Government Issues>

fahnenflüchtigen oder sonst vor dem Militärstrafgesetz des unmenschlichen U.S.-Imperialismus ihre Ausrüstungsgegenstande verhökern, und erst in jenem Kellergeschoss von Moabit erwachte ich und bezahlte aus eigener Tasche einen genuinen Parka für jene hochdekorierte F.D.J.-lerin im Süden jener Republik. ~~Es~~ war wahrhaftig im Krieg gewesen, mit Lochspuren an den passenden Stellen versehen, nun zwar freilich maschinell vernäht, der Reissverschluss war unter Kampfeinwirkung vernichtet, aber sonst hatte es noch all die Knöpfe und Fäden und Knopflöcher, die dies Kleidungsstück zum Schrecken der Zivilisten machen, und es mag zwar der heiss dampfende Atem des Feindes durch dreimalige Desinfektion gänzlich in die Nähte verwiesen sein, nach dieser und wahrscheinlich noch anderen Behandlungen sah es so verflucht ähnlich und ~~echt~~ aus, ganz wie die Jugendlichen es tragen auf den menschlich und moralisch verseuchten Strassen der N.S.W., eben deswegen noch gerade seine DM 14.50 wert. Wohl war uns damit nicht. Wir fanden einen Weg, dies Stück an die an der Seite der Sowjetunion für den Frieden kämpfende Bestellerin gelangen zu lassen; wohl war uns nicht. Jugendliche in einem Alter von achtzehn Jahren können so unberechenbar sein in ihren Re-Aktionen. Heute kam Wort. Das Wort lautet: Wunderbar. Genau wie gewünscht. Prima.

An jenem Silvesterabend nahm Béla dann Rücksicht auf meinen geschwächten Zustand und spielte mir jene Stücke von Ives vor, bei denen ihm noch einige sprachliche

Kenntnisse für seine Produktion am 7. Januar fehlten, und wohl habe ich ihm nach bestem Wissen Auskunft gegeben, aber wann immer Béla mit grosser Gebärde aus seinem Zimmer kam, hinter sich die Töne aus der mächtigen Stereomaschine, es war mir doch, als hätte er dort Sklaven eingesperrt und ihnen eben erst noch mit drohend erhobenen Armen den Einsatz gegeben … es wird mir versichert, dass ich das geträumt haben müsse. Aber Ihr und ich wissen dies besser.

Um Mitternacht war es endgültig aus. Wir waren in diese Stadt gekommen aus einem N.S.W., das alljährlich aus diesem Grunde und zu dieser Zeit grosse Teile seines Nationalproduktes in die Luft jagt; Stille hatten wir uns im entwickelten S. erhofft, die wohltätige Stille der volkswirtschaftlichen Vernunft! Es begab sich aber, dass die August Bebel-Strasse für lange Zeit erfüllt war von Ereignissen, unter denen ich weder den Krach noch das Licht in irgend einer Weise hervorheben kann, zu Unterscheidungen unfähig wie ich war, und noch morgens war die Luft dick von dem mitternächtlichen Kunstnebel. Wäre ich gesund gewesen, hätte ich dies für das Mitternachtfeuerwerk gehalten, für jene urtümlich abergläubische Beschwörung der Bösen Geister im Neuen Jahr, aber da ich den Namen meines Besuchsortes kannte und auch die Grenzen meiner Aufenthaltsgenehmigung mir bewusst waren, müssen wir es wohl bei einer besonders hartnäckigen Infektion bewenden lassen.

Auf eine für mich nicht rekonstruktuierbare Weise muss ich am 1. Januar 1974 in einen

Zug nach Berlin-Schöneweide gekommen sein. Für einen Moment sehe ich mich sitzen in der Fenster-Ecke eines Wagens Erster Klasse⊥und höre Béla sagen: Doch, Ossian. Nu gewiss doch!

1 auf Leipzig Hbf.

Elisabeth will mir auch noch weismachen, ich hätte mit ihr unterwegs eine jener Schriften diskutiert, die sie, wie jedes Jahr und wiederum im letzten Augenblick, Béla entrissen hat als Belege für seine schriftstellerische Existenz, aber wie kann das sein. Zum Beweise dessen lege ich euch hier ein Exemplar bei.

Wie spät es war, als die Posten an der Friedrichstrasse meine Identität überprüften, ich weiss es nicht. Das mit der Friedrichstrasse muss Elisabeth mir gesteckt haben. Und bei aller Überprüfung haben die Herren aus dem grossen Heer der Volkes Polizei mein Fieber nicht gefunden. In dem aber stak ich so dick gepanzert, ich hätte sonst welche Konterbande rausschmuggeln können, kann sie mir aber nicht vorstellen und sinne nun seitdem an dem.

Wenn Ihr ahnt, was es hätte sein sollen, bitte ich euch um euren Fingerzeig.

Mit herzlichen Grüssen,
euer
Ossian.
(Stl. gepr. Reisekader.)

Personal

Uwe OSSIAN Johnson mit Frau Elisabeth und Tochter Katharina. Eberhardt BÉLA Klemm mit Frau Erika, Tochter Ine und Sohn Jan. Manfred JAKE Bierwisch mit späterer, vorerst vermuteter Frau Monika Doherty.

Fraglichste Ausdrücke (alphabetisch)

040929424954: Ausdruck für Béla, als Folge von Geburtsdatum + DDR-Personenkennzahl.

280730430030: Ausdruck für Jake, als Folge von Geburtsdatum + DDR-Personenkennzahl.

A.- oder B.-Kinder: Kürzel für Arbeiter- bzw. Bauern-Kinder.

Adolf-Südknecht-Straße: populärer Name für frühere Südstraße samt Umbenennung nach 1933 in Adolf-Hitler-Straße, nach 1945 in Karl-Liebknecht-Straße.

Bebelheim: Name für Bélas letzte Leipziger Wohnung in der August-Bebel-Straße.

Bürgerheim: Name für Jakes Berliner Wohnung in der Bürgerheimstraße.

Frau von Jaeckel: Name für Erika Klemm, nach dem Geburtsnamen (hierzu geadelt).

Genossin (eigtl. Kandidatin) Trauma: Spitzname für Bélas Mutter, nach einem kuriosen Aufschrei Bélas.

H.d.R.: Ossians Kürzel für Hauptstadt der Republik.

Hauptmann Bunge: Spitzname für Hans-Joachim Bunge nach Signatur (Elisabeth) Hauptmann + Bunge unter Telegramm an Brecht, zugleich Bunges letzter Wehrmachtsrang.

I.- oder H.- oder P.-Kinder: wohl Kürzel für Intelligenz- bzw. Hochschul- bzw. Proletarier-Kinder.

J.M.: Kürzel für Joachim Menzhausen.

James: Name für Joachim Menzhausen.

Julie von Klemm: ebenfalls Name für Erika Klemm (hierzu geadelt).

Karl Augustus Marx-Platz: Ossians Name für früheren Augustusplatz samt Umbenennung nach 1945 in Karl-Marx-Platz.

L.V.B. : Kürzel für Leipziger Verkehrsbetriebe.

L.V.Z. : Kürzel für Leipziger Volkszeitung.

N.V.A.: Kürzel für Nationale Volksarmee.

P.A.: Kürzel für Personalausweis.

P.d.A.&B.: Kürzel für Partei der Arbeiter und Bauern.

Sesenheim: Name für Jakes Leipziger Wohnung in der Sesenheimer Straße.

Klaus Baumgärtner

VEREINSGOTT, FREUNDESBANDE, REVUEFORM

Uwe Johnsons zwei Reisen zu Eberhardt Klemm

Zu Beginn der siebziger Jahre vor gut dreißig Jahren muß ich eine Weile lang, wenigstens aus der Vogelschau, so etwas wie der Vorsitzende von Uwe Johnson gewesen sein, vielleicht berufen von einem weit Höheren, einem Weltgeist der Autoren, der den Schriftsteller auf der prekären Klippe zwischen Ost und West zu einer neuen Textform stimulieren wollte, vielleicht auch bloß imaginiert vom Nachhall des unbändigen Amüsements, das uns beide zehn Jahre zuvor geschüttelt hatte, als ich 1962, nach bedrückender Flucht aus Ostberlin nach Westberlin nach Bayern, mehrmals für vertrauliche Auskünfte (die aber ohnehin keiner geben konnte) bei einer ominösen *Hauptstelle für Befragungswesen* in Münchens feiner Maria-Theresia-Straße vorgeladen war und uns auf Anhieb bewußt wurde, daß wir uns wohl immer schon viel besser als Avantgarde eines universal agierenden *Beantwortungswesens* hätten begreifen sollen – bei dem gewaltigen Wissensdurst, der uns gewöhnlich quälte, und unseren unerhörten Talenten in Aufklärung, Kunstverstand und sprachlichem Handeln, die gefälligst genutzt werden wollten. (Daß übrigens hinter dem umwerfend originellen Inkognito dieser *Befra-*

gungshauptstelle nichts weiter als ein treuherziger Geheimdienst versteckt war, wurde niemals von irgend jemand auch nur entfernt geahnt).

Jedenfalls und wie auch immer fürs erste: Das Jahr 1972 war schon beinahe zu Ende, die beiden unfertigen deutschen Staaten hatten sich mit einem mühselig ausgehandelten Grundvertrag auf niederster Ebene anerkannt und damit eine Art Respektierung ihrer beidseitigen Bürger (und somit auch jeglichen Bürgers Johnson und Klemm) zugesichert, also schultert unser Freund Uwe Johnson, genannt Ossian, insgeheim das harte Kreuz eines persönlich haftenden Beantwortungsbeauftragten für mich, versammelt seine Lieben, bricht mit ihnen auf zu einer fünf Tage langen Heimsuchung unseres Freundes Eberhardt Klemm, genannt Béla, samt dessen Lieben in Leipzig und bringt dies unverzüglich zu Papier, indem er den fünftägig wild angeschwollenen Erlebnisstrom zu einem 15seitigen «RECHENSCHAFTSBERICHT über eine Reise zur Familie Klemm und anderen im Stadtkreis Leipzig vom 22. bis 26. November 1972 dem Ehepaar Baumgärtner, Stuttgart, freundlich zugedacht» zerstückelt und verdichtet. Das Resultat, datiert am 28. November, geht sofort zur Post.

Den Baumgärtners bleibt kaum Zeit, sich den Packen Rechenschaft vor Augen zu führen, schon halten die *Liebe Sabine, lieber Klaus* vier Tage später, unter dem Datum des 1. Dezember 1972, fünf neue Seiten in den Händen, nämlich «BERICHTIGUNGEN & NACHTRÄGE zum Reisebericht Klemm und Umwelt», die dem gewissenhaften Absender wohl keine Ruhe gelassen hatten, und daraufhin erneut, unter dem 12. Dezember, durch ein paar wohlgelaunte Baumgärtnersche Dankeszeilen ausgelöst, wieder fünf Seiten gewichtig vorgebrachte Ergänzungen zum «FORSCHUNGSBERICHT betreffend Klemm und Umgebung». Darüber hinaus gibt es ein gutes Jahr später eine nach ihren Einsätzen, Haupt- und Nebenthemen und ihrer Gestimmtheit verblüffend ähnlich verlaufende Reprise: Wiederum rüsten sich alle drei Johnsons (während sich beide Baumgärtners und beide Bierwischs in Budapest treffen wollen) zu einer diesmal sogar siebentägigen Expedition in den Klemmschen Weltenkreis nach Leipzig. Und wiederum liefert die emsige «Geschäftsstelle Friedenau» hiervon prompt «an die Niederlage Württemberg» einen diesmal sogar 23seitigen «REISE- & RECHENSCHAFTSBERICHT, 26.XII.1973 – 1.I.1974», ausgefertigt zum 13. Januar 1974 als formelles erstes *Dienstexemplar an Liebes Haus Baumgärtner gezeichnet von Hand Ossian/Staatlich geprüfter Reisekader.*

Das Konvolut an Papieren, das damit vorliegt, ist ein einzigartiges Dokument, das sich durch nichts anderes sonst ersetzen ließe: Eberhardt Klemm alias Béla (und ebenso Béla alias Eberhardt Klemm) ganz hautnah unverstellt in seinem ureigensten allfälligen Alltag, für Großaufnahmen sorgfältig herangezoomt in denkbar bester fachlicher Ausführung des gelernten (und dazu rechenschaftspflichtigen) Erzählers aus demselben Stalle: 133 Absätze über Anreise, Wohnsitz, Fernsehen, Gewürze, Institut, Vorfälle, Kinder, Absichten, Heizung, Ostreisen, Westreisen, Vorfälle, Musik, Besuche, Universität, Speisen, Leipzig, Vorfälle, Familie, Sprache, Bücher und Verlage, Abschied und Abreise und werweißwas sonst im Bericht zu 1972 und dann wiederum ebensolche 137 Absätze ein Jahr darauf im Bericht zu 1973.

Uwe Johnsons Rechenschaften verleihen damit zugleich einem Textformat fast klassische Gestalt, das kaum souveräner ausgebreitet sein könnte, um Bélas eigentlicher Umgehensweise mit der allgemeinen Seinsquerulanz ein Echo zu verschaffen (und somit wohl direkt von seiner Gegenwart im Mittelpunkt des Geschehens inspiriert sein muß). Das Phänomen, das hier dingfest zu machen ist, ist die *Revueform*. Der Ausdruck ist beileibe nicht einfach hingesagt, sondern besitzt von Béla her, ganz gleich wie bei Bloch einst adoptiert, nahezu petrifizierte terminologische Qualität. So gut wie jeder Zusammenhang, in welchen man mit Béla je verstrickt sein konnte – Erörterungen, Mitteilungen, Bekenntnisse, Geschichten, Vorschläge, Vereinbarungen oder Erledigungen, auch Vorführungen etwa von Strawinskys Musik zu «Pulcinella» (die sowieso) oder Mahlers «Neunter» (gegen deren Idee) –, nahm unversehens und unweigerlich das zuverlässige Grundmuster von Revueform an: nicht etwa simple Rhapsodie, naives Capriccio oder billiges Potpourri, stattdessen vielmehr fortlaufendes Staccato von Unterbrechung, Abschweifung, Seitensprung, Einbiegung, Rückschwung und so immer weiter voran- und hinaufschießend zu riesigen Gedankenfronten aufgetürmt, im scheinbar chaotischen Wildwuchs dennoch traumhaft gesteuert aus gewissen hintersten zerebralen Ecken, gewissermaßen wie ein Mehrbandautomat mit Ramifikationen vom Hundertsten ins Tausendste und der sicheren andauernden Gewähr, bei Bedarf auch etwa zur 319. Position wieder heimzufinden. Und das natürlich alles nur, weil eben tatsächlich alles mit allem anderen immerzu verknüpft, verschlungen und verwurstet ist. Revueform war schließlich dermaßen konstitutiv für sämtliche Lebensdinge mit und rund um Béla, daß, wenn sie ablief, ihr Auftreten höchstens noch nachträglich in exklusiver Würdigung oder im Grenzfall von verlorener Kontrolle zur Sprache kommen mußte. Was Wunder, daß sie nun sogar mirnichts dirnichts auf seine zwei Konterfeis von 1972 und 1973 übergesprungen ist und in ihnen auf Dauer weiterleben kann (wiewohl von Béla niemals gebilligt worden wäre, von der unerschöpflichen Entelechie als solcher eine einzige zufällige wie auch immer gelungene Ausprägung etwa als sakrosankt zu akzeptieren).

Die beiden Johnsonschen Revueberichte sind wiederum – so kunterbunt und locker sie daherkommen, bei aller Vielfalt von Auswahl, Motiven, Figuren, Bildern, Gestik oder Farben – dann doch nicht einfach wie treu nachgemalter Naturalismus aufzufassen. Selbst wenn das so wäre: Eine schwierige Zeitreise von dreißig Jahren liegt bereits vor jedem, der diese Berichte sich heute vornimmt und sie tatsächlich nur als Berichte zu verstehen sucht, dann aber womöglich schon verkennt, daß die aktuelle Landkarte an aufgestauter Vergangenheit, in der wir uns recht fraglos zu bewegen gewohnt sind, allein ihrem Charakter nach vor dreißig Jahren kein Gegenstück besaß, weil damals ganz besonders viel unabschätzbare Zukunft auf vielerlei Landkarten vorlag. Die Aufspaltung der Welt in wenigstens zwei waffenstarrende Blöcke erschien zwar nicht mehr so explosiv wie 1961 beim Bau der Mauer durch Berlin oder 1963 während der Raketenkrise um Cuba, sondern nach ersten Schritten einer gewissen Entspannungspolitik vorsichtig überbrückt, doch für absehbare Zeiten trotzdem unheilbar und allein durch vereinbarte Offensivbalance – und das durchaus nicht weltweit – halbwegs friedlich in Schach zu halten. Vorhersagen, wie sicher dieser Zustand das nächste Jahr überdauern würde, galten eher als Glückspiel. Wer 1972 und danach die Deutsche Demokratische

Republik besuchte, mußte zunächst einmal unverdächtig eingeladen sein, durchlief alle erdenklichen geheimdienstlichen Prüfungen und betrat dann schließlich, nach mehr oder minder schikanösem Einlaß, eine eingezäunte Öffentlichkeit, die sichtlich von Staatspartei und polizeilichem Reglement bestimmt, von formelhafter Propaganda zugedeckt und von zahllosen materiellen Mängeln geprägt war, kam dann jedoch – jedenfalls in der Mehrheit – zu Leuten, die (sofern sie die jeweiligen Toleranzen nicht überschritten hatten) mit Mißtrauen, Vorsicht und mancherlei Opposition ihre alltägliche Normalität zu leben pflegten, sich im Privaten die eigenwilligsten Meinungen zu leisten wußten und dieses ganze provinzielle Machtgehabe rundherum, das nahezu überall präsent war, den Vormund spielte und die Aufsicht führte, als vielleicht für alle Zeit auf ihnen lastendes, aber auf gar keinen Fall normales Kartenhaus betrachteten, zumal es allmählich immer mehr Stagnation und äußerlichen Verfall aufwies. Gerade ihnen hat es deswegen als ebenso unerwartbar wie folgerichtig erscheinen müssen, als diese Art von Staatsräson endlich Ende 1989, Anfang 1990 mit weiter nichts als ein paar Seufzern in sich zusammenfiel.

Auf eine Zeitreise war jedoch bereits Uwe Johnson gegangen, als er im Herbst 1972 zum ersten Male wieder zu Béla nach Leipzig aufbrach. Der öffentliche Apparat und die Kulisse, von denen soeben die Rede war, fielen dabei wohl kaum am stärksten ins Gewicht, so sehr ihn auch die Neugier getrieben haben mag, inwieweit mit dem Staat, den er einst aufgegeben hatte, nun überhaupt noch Staat zu machen gewesen wäre. Zu einer Expedition auch zurück in die eigene Biographie wurde die Leipziger Reise dagegen ohne Zweifel mit der Aussicht auf die probeweise Rückkehr in ein lange vermißtes und entbehrtes Eldorado von Freundschaft, Rückhalt, Verständnis und Einmütigkeit, auf dessen Urbild seit jeher Béla in der Mitte zu thronen geruhte. Der Tag, an dem unser Freund Ossian von Leipzig zunächst einmal für immer nach Westberlin gewechselt war, lag 1972 immerhin um ganze dreizehn Jahre zurück – genau jener 10. Juli 1959, ein sonnigheißer Freitag, als Bierwisch und ich, nämlich die eigentlichen Schuldigen, die ihn zu dieser Vorsicht angestiftet hatten, des Erzählers bleiern schwere Koffer mit all seiner Habe schon Stunden vor ihm persönlich und sub-

Eberhardt Klemm und Uwe Johnson im Süden Leipzigs, Mai, 1959.
Fotografiert von Elisabeth Johnson

missest wie die Gehilfen bei Kafkas Herrn K. auf zwei Fahrten mit der S-Bahn durch die Berliner Viermächtegrenze nach Westen zu schaffen hatten. Mit einem Schlag war er damit getrennt von allem, was östlich vom Brandenburger Tor gelegen war, ihm die Umgebung für seine Arbeit und die Lebensbasis geboten hatte, zuletzt vor allem in Leipzig. Zum Glück genügte westlicher Druck, die Grenzen zwischen den West- und Ostbezirken von Berlin noch eine Zeit lang ungehindert offenzuhalten und damit, als das dringlichste, auch den ständigen Zugang aller Freunde aus Leipzig, Lichtenberg

Eberhardt Klemm und Uwe Johnson im Süden Leipzigs, Mai, 1959, zwei Monate vor dem «Umzug» von Uwe Johnson nach West-Berlin. Fotografiert von Elisabeth Johnson.

oder Pankow. Das Clubzentrum war hiermit nur umständehalber bis auf weiteres in die Niedstraße 14 zu Berlin-Friedenau verlegt. Schließlich allerdings, zum 13. August 1961, riskierten die Politbüros in Moskau und in Ostberlin auch noch den Stacheldraht und die Betonmauer mitten in der Binnengrenze von Berlin, um ihren deutschen Drittelstaat nicht sogleich verlorengeben zu müssen. Jetzt war auch Ossian (wie andere hunderttausende in Westberlin und an den anderen deutschen Grenzen) endgültig schmerzlich abgeschnitten vom gewohnten vertrauten Umgang, egal wie dringend nötig er ihn hatte.

Folglich, als Uwe Johnson die Seinen hernahm und sich aufmachte mit ihnen nach Leipzig, konnte es nicht darum gehen, bei Béla und den Seinen nur eben wieder einmal hoppla kurz hereinzuschauen – mit einem saloppen *Hallo! hier bin ich!* und *Hallo! Was macht denn die Musik?* und sonst weiter nichts. Zu bewältigen war vielmehr die anrührende Enthüllung des originalen Bélabildes aus jener Frühzeit in den fünfziger Jahren, das eine bittere Dekade lang nur mehr als stilles Guthaben, Kassiber und Arkanum zu verwahren gewesen war, das daneben auch übel verdüstert war von den rigiden Einschnitten in die äußeren Umstände, die Béla inzwischen zu bewältigen hatte: Von 1964 an, nachdem ihm seine Assistenz in der Leipziger Musikwissenschaft genommen und eine andere Position in Dresden oder Rostock (offenbar von Parteiseiten gesteuert) verwehrt worden war, mußte er sehen, wie er sein Auskommen am offenen, aber auf andere Weise kaum weniger reglementierten Markt verdiente. Erst nach Jahren hatte er sich mit viel Bravour und Mühe wieder eine solide neue Basis für seriöses Arbeiten über die ganze Breite der Musikologie geschaffen. Ossian hatte derweilen, wie sich für gute Freunde gehört, nichts ausgelassen, was irgend greifbar war von Béla im besonderen und von den östlichen Bewandtnissen im allgemeinen. Ostberlin und auch Mecklenburg als Heimat waren längst wieder abgebucht. Beim Blick auf Béla gab es allerdings stets die Sorge, daß er wieder einmal der Gefahr erlegen sein könnte, in seinen vielen Aktivitäten verloren zu gehen. Liebevoll verfaßte Episteln konnten bei ihm über Monate ohne Antwort bleiben. So bekommt Uwe Johnson zum 20. April 1967 von mir verbittert zu lesen *Béla scheint sich nahezu falsifi-*

ziert zu haben. Deftige Handschreiben, erstklassige Ansprachen, Beschimpfungen erreichen ihn nicht mehr. Dann wieder wurde man plötzlich mit einer seiner wortkargen Postkarten im Tenor Ich bin der Welt abhanden gekommen in Erstaunen gestürzt. Es konnte sogar geschehen, daß Béla eine kurze Audienz, von Manfred Bierwisch erbeten, aus Terminnot verweigert, worauf mir Uwe Johnson, davon verschreckt, am 4. Juni 1972 den Verdacht zu offenbaren wagt *unser Vereinsgott zeige nun wohl doch Zeichen des Alterns.* Was eigentlich sollte ihn daraufhin – beim gegebenen Stand der Dinge, der politischen und der persönlichen – noch daran hindern, zu diesem Vereinsgott selber in plumper Direktheit vorzudringen, des Vereinsgotts neueste Verhältnisse sorgsam in Augenschein zu nehmen und umgehend in harter Prosa niederzulegen, samt Broterwerb und Müßiggang und allen allfällig aufgeschnappten Bagatellen in freier Revueform.

Vor diesem Hintergrund scheint dann nicht weiter verwunderlich, daß die beiden Johnsonschen Berichte gewisse Kuriositäten verbergen oder dunkel anklingen lassen, ohne daß ihnen davon wortwörtlich Genaueres abzulesen wäre (womit auch der Naturalismus, der von einer prononcierten Rechenschaft eigentlich zu verlangen wäre, eher verfehlt wird). Die meisten Leser, die sich ohne Warnung den Berichten harmlos anvertrauen, dürfte besonders irritieren, mit welcher Raffinesse sich der Dichter eine Schreibweise zielbewußt heraussucht und zurechtlegt, die praktisch jede Passage mit tückischer Ironie und Leutseligkeit, Sarkasmus und schnöder Nachsicht geradezu durchtränkt. Die nackten Tatbestände, von denen berichtet wird, trifft hierfür in ihrer Mehrzahl offensichtlich nicht das mindeste Verschulden (mit Ausnahme natürlich von Anlässen wie etwa der Universitätstürme von Leipzig oder Jena, die dazu einladen, ausgiebig mit Hohn überschüttet zu werden). Dem verwirrten Leser bleibt damit zunächst anscheinend nichts als ein Kopfschütteln voll Mitgefühl und Unverständnis. Hinzu kommt noch, daß des Erzählers vielfach beißende Attitüden zwar vor allem auf Béla als seinen obersten Protagonisten zielen, alles übrige Personal aber in derselben Weise mit Häme überzogen wird, nicht zuletzt Manfred Bierwisch (mit Spott als *Psycholinguist* apostrophiert) oder Joachim Menzhausen (als ängstlicher staatlicher *Reisekader* karikiert); und wenn der Adressat der Texte – ich, Baumgärtner – nicht schon dieser Struktur wegen hätte unerwähnt draußen bleiben müssen, wäre ich mit Sicherheit ebensowenig verschont geblieben.

Des Rätsels Lösung ist: daß, wenn schon einmal von diesem *Vereinsgott* Béla die Rede ist, dann auch die Rede sein muß vom *Verein* der Freunde um Béla herum, oder: daß Uwe Johnson sich offenbar den Vereinsgott inzwischen überhaupt nicht mehr vorzustellen wußte ohne die virtuelle Umrahmung durch diesen Verein im ganzen, oder auch: daß von dem Miteinander der fünf bis neun Leute, aus dem sich nach Beginn der fünfziger Jahre das schon beschworene Eldorado von Freundschaft, Rückhalt, Verständnis und Einmütigkeit ergeben hatte, für alle Zeit zumindest ein stillschweigender Binnenkodex erhalten geblieben war, sozusagen unser Muster an Paritäten untereinander, an welchem seither kaum noch groß zu rütteln war.

Mit diesem Binnenkodex war vor allem – wie kauzig eingespielt und sprachlos auch immer – höchst oszillierend festgelegt, daß Béla sowieso, aber auch letzten Endes unser Zentrum war. Sooft wieder einmal anstand, uns zu einem ausgiebigen Konvent in grenzenloser Allgemeinheit mit rundherum offenem Horizont und Ausgang zu versammeln, stand nicht einmal infrage, daß wir uns dazu natürlich allein um Béla versammeln sollten. Und als oberste fixe Regel galt unbedingt, daß Béla gefälligst mit eben dem doppelbödigen listigen bis burlesken Hintersinn gefrotzelt und gewürdigt zu werden hatte, der schon von ihm selber erwartet (wenn nicht gar provoziert) war und von ihm wie uns genüßlich goutiert zu werden pflegte. Allerdings war dies Ossian bald dermaßen zur festen Gewohnheit geworden, daß er davon nirgends mehr ablassen konnte – nicht einmal dort, wo er der Pflicht genügen mußte, für mich als unbefangen neutraler Beantwortungsbeauftragter vorzugehen. Seinen Revueberichten, mancher Hochnäsigkeit, Bosheit und dreisten Hänselei Bélas, wird deshalb keine Gerechtigkeit erwiesen, wenn sie nur oberflächlich *recte* und nicht wohlwollend *kursiv* auf der durchgängigen Grundierung von *Vereinsgott* und *Verein* samt eingeschliffenem Rollenbild begriffen werden. Die einfachste Frage wäre demnach, wer alles eigentlich jene *Wir* gewesen sein mögen, in deren Zentrum Béla gewöhnlich thronte. Und die beste Antwort darauf wäre sicherlich Bélas gezielte Projektion genau in den Schnittpunkt der *Freundesbande*, die er zeitlebens getreulich *unterhalten* hat (womit wohl im hiesigen Kontext zugleich billig verlangt werden kann, die Ausdrücke Freundesbande und unterhalten bis auf weiteres nur mehr in diesem vollen Doppelsinn ihrer Bedeutung zu benützen). Folglich, was alles mit dieser Skizze jetzt noch zu sagen bleiben könnte, läuft darauf hinaus, die denkwürdigsten gemeinsamen Momente aufzusammeln für eine Art letzter runder Flaschenpost über Bélas Leipziger *Freundesbande* und das heißt auch, wovon und womit er sie über die Jahre zu *unterhalten* wußte. (Keine Frage übrigens, daß gerade ihm, der allen verbalen Verhexungen heillos verfallen war, dieses Wortspiel am Rande ein diebisches Vergnügen bereitet haben müßte).

Der Blickwinkel, der mir von meinem Lebensweg unweigerlich für alle Zeiten vorgeschrieben ist, besagt, daß der Quellpunkt des besagten (aber nie wirklich existenten) Vereins in jenen Herbsttagen 1945 gelegen haben muß, als Joachim Menzhausen, ein Verfemter und Verfolgter des eben zerschlagenen nazistischen Regimes, daranging, seine vor Jahren abgeschnittene Ausbildung fortzusetzen, und zufällig in meine Schulklasse geriet. Binnen kurzem waren wir die besten Freunde. Als unser Gymnasium aufflog, weil es für sowjetischen Geschmack zu demokratisch geführt war, suchten wir uns zu zweit eine neue gelehrte Bleibe namens Petrischule. Deren Rektor drohte gleich zu Beginn, uns auf die Straße zu setzen, sobald wir politisch aus der Reihe tanzen wollten. Wir hielten uns dort bis zum Abitur 1950. Denn einer der Philologen dieser Schule, Jahrgang 1898, war ein in vieler Hinsicht einzigartiger unabhängiger Mentor. Er hieß Walter Krug, verfügte über ein exquisites Englisch, kannte seine Weltliteratur, brachte uns bei, was so greifbar war von Anderson, Fitzgerald, Steinbeck, Dos Passos oder Hemingway. Daneben war er extremer Kletterer, sobald nur ein Gebirge dastand, legte uns alles von Karl Kraus bis Karl Valentin und Brecht ans Herz, hatte das frisch verbotene Mitgliedsbuch der SPD versteckt unter den Dielen (neben dem früheren vom Jahr 1931) und analysierte uns im Fach Geschichte das nazistische System so überzeugend transparent, daß uns nichts blieb, als draußen vor der Tür verblüfft dieselben Phänomene zu entdecken. Dazu muß man wissen, daß die eigentlich gerade erst besiegten Fanfarenzüge, in neuer Uniform, schon wieder auf den Straßen marschierten (und in den neuen Zentralen dahinter auch beinahe alle anderen eben erst untergegangenen Strukturen) – und dies mit der Barbarei von 1933 bis 1945 noch leibhaftig vor Augen. Derart belehrt und immunisiert betraten wir unser weiteres Leben.

Joachim Menzhausen, genannt James, war immer schon, dann aber, als er sein furioses Studium der Kunstgeschichte durchlief, unser insgesamt unübertroffener Feuerkopf. Niemand sonst auf weiter Flur vermochte, vor ein bitte nicht allzu konkretes Gemälde gestellt, mit solchen die gesamte Person herumwirbelnden Schwüngen beider Armeslängen vom diagonalen Drehmoment jener hingeschrägten Guitarrenleiber etwa bei diesem Pablo Picasso so mitreißend inspiriert und effektvoll zu deklamieren wie gerade er – insbesondere nach zergrübelter Nacht auf harten Hörsaalbänken, um dem Vortrag den letzten glanzvollen Schliff zu geben, und in derart verwegenem Aufzug aus verblichenem kariertem Holzfällerhemd, etwas streng riechender Manchesterhose und khakifarbener Umhängetasche aus französischem Armeebeständen voll mit Krimskrams zum Überleben. Diesem James ist vor allem zu danken, wenn uns – in Windeseile von ihm angesteckt mit tausenderlei Kunstdingen, Einfällen und Hypothesen – die gerade noch nazistisch unterdrückte Moderne bald ebenso fraglos und nötig erschien wie die eigene Lebensluft: Sobald die Begeisterung ihn überrumpelt hatte, hatte sie auch uns schon überrumpelt (wozu, übrigens, auch die Sabine Baumann gehörte aus seinem Seminar und Umkreis, die mich faszinierte, meine Frau wurde und nicht zuletzt die Adressatin vieler famoser Postsachen von Uwe Johnson). James war späterhin der Direktor des Grünen Gewölbes in den Dresdener Museen und ist uns dort mehr und mehr entglitten, zuletzt sogar ganz verlorengegangen.

Das nächste Freundesband ergab sich 1950 zu Manfred Bierwisch. Aus purem Zufall wurden wir, am Hauptbahnhof auf Straßenbahnen wartend, einander vorgestellt von einem bald vergessenen Dritten – wohl ein Laborversuch der Ethologen. Nach drei Wochen kannten wir alle unsere wichtigsten Themen, Ideen und Bücher. Von Manfred Bierwisch, genannt Jake, ging das Gerücht (das jedoch nur von ihm selber gestreut sein konnte, denn niemand wußte was von ihm), daß er gewaltige Flugzeugmodelle erschuf. Gesetzt, das stimmt, so müssen darin allererste Vorstöße des generellen Abstrakten gesehen werden, sich zunächst unscheinbar konkret bei ihm einzunisten, um ihn sodann – wie alle unsere weiteren Observationen schlagend belegen könnten – Schritt für Schritt mit Haut und Haaren in Besitz zu nehmen, bis er schließlich angelangt war bei der Rekonstruktion einer Struktur des Seienden aus unserer sprachlichen, eigentlich kognitiven Mitgift (freilich auch bei deren zu befürchtender, sozusagen Gödelschen Unmöglichkeit). Unser engster Zusammenhalt war, neben allen sonstigen Narreteien im gemeinsamen Studium, dieses ständige Schielen nach der nächsten formalen Attraktion, ein herumstöberndes Hebammentum, immer neue Erklärungsgründe aufzutun und auszuprobieren, was wir dann übrigens Allgemeine Kosmodidaktik nannten. Lange Zeit sahen wir uns sogar als gekoppelte Köpfe: Die vom Einen am Weltort *p* aus werweißwas für Zufall abgebrochene Satzfolge *S* würde dem Anderen am Weltort *q* korrekt fortzusetzen niemals auch nur die mindeste Mühe machen. Die Seriosität konnte Jake aber nicht daran hindern: etwa im U-Bahnhof Alexanderplatz mit hallenden Abfahrtsbefehlen alle Schaffner rundherum zum Verstummen zu bringen oder triumphierend auszuharren mit dem Kopf im Lorbeerkranz unter den Händen unserer beiden Goethe und Schiller auf dem Denkmalssockel zu Weimar.

Im Vereinsganzen wirkte Jake als der große Kontemplative, der die Dinge zu richten verstand. Sofern die üblichen Kontrahenten, auf Bélas Sitzmöbel verteilt, sich mitternachts im Gestrüpp ihrer tagesfrischen Meinungen endgültig ohne Ausweg verheddert hatten, konnte ein jeglicher von Jake erklärt bekommen, was er genau besehen hatte behauptet haben wollen. Wo die Revueform auch immer hängen geblieben sein mochte, Jake brauchte nur Luft zu holen und das betreffende Subjekt ins Freie zu rücken, um es sodann *ab urbe condita* durch alle Epochen und Fährnisse hindurch bis zum gegebenen akuten Nothalt aus- und heraufzuwickeln. Sich selber überlassen blieben zumeist nur Bélas divergierende Sphären. Einmal, als beide sich voll Ingrimm verhakt hatten mit ihrem Gedächtnis von exakt demselben Sachverhalt (war es das Münchener

Oktoberfest oder die Reeperbahn in Hamburg?), erhielt Béla unvergessen die generöse Chance *Dann mach doch mal einen Vorschlag, wie das in Wirklichkeit gewesen sein könnte.* Natürlich beherrschte Béla im Handumdrehen unbestritten tonangebend das gesamte Feld, sobald die Musik das Thema war. Das wurde von Jake so begierig, weidlich und beglückt genutzt wie dann nur noch von mir. Diesem Béla ist somit vor allem zu danken, wenn uns alle die Perotinus, Machaut und Dufay, aber erst recht die klassischen Modernen und Zeitgenossen dermaßen spielend in Fleisch und Blut übergegangen sind, als wären sie lediglich «die kleine», vielmehr nun: «große Nachtmusik».

Die höchsten Feiertage gab es gewöhnlich im September, wenn Béla, von den Darmstädter Ferienkursen (oder auch sonstwoher) zurück, uns ganze Stunden seine Fundstücke auf Polyvinyl vernehmen ließ: den nächsten großen Mahler unter Bruno Walter, das Streichtrio von Schönberg oder Bartóks «Musik für Saiteninstrumente», danach auch noch die Aktualitäten (ob in Musik, Ideen oder Manieren) der Boulez, Nono, Stockhausen, Berio, Henze oder Pousseur. Seligkeit war erreicht, wenn Béla dann tief in der Nacht, etwa von James aus, singend heimwärts zog und seine *Sterntalermusik* (vom eben gehörten Bartók) noch lange über die weiten Felder in Leipzigs Süden herüberwehte. Schon zuvor, im ärgsten Stalinismus, hatte er jenem Behältnis, das bei ihm, gestreng nach Schönberg, nur *meine reichste Lade* heißen durfte, konspirativ Strawinskys «L'Histoire du Soldat» entnommen und uns bis zur Raserei aufgespielt. Dergestalt präpariert durchmaßen wir tags darauf die gesamte Grimmaische Straße bis zum Augustusplatz und stürzten mit dem Gedröhn unserer Zahnlücken, Gaumensegel und Kehlköpfe den halben Burgfrieden in diese Katzenmusik von «Marsch» und «Konzert» des Soldaten. Im kurzen Tauwetter nach dem 17. Juni 1953 vermeinten wir sogar, mit unserer Passion die Menschheit beglücken zu sollen. Also gestattet uns Béla, eine Schar Mitstudenten – Dickfellige, Verschüchterte, Parteileute – in sein Institut zu laden zu versammelter kakophonischer Konfrontation mit jenem russischen Verräter und amerikanischen Übeltäter, was da hieß: Große bélaeske Eröffnung und Verheißung, tiefe Verstörung durch den Strawinsky und zum Ende Bélas subversive Apotheose mit

Krönung, wortwörtlich aus dem Ernst Bloch: *Abfall, Traum und Lumpen! Aber großartig, einmalig großartig Abfall, Traum und Lumpen!*

Endgültiger wirklicher Auftritt des eigentlichen Brenn- und Angelpunktes des Erinnerns hier an und für sich. Dieser Béla war James und mir durchaus nicht unvertraut: Auch er kam, zwei Klassen zuvor, von der Petrischule, war Schüler beim selben Walter Krug und Kavalier einer früheren Freundin in der Tanzstunde (wo sie ihn aber Johnny nannten). Das weltoffene Leipzig muß damals, wie man sieht, auch einen etwas engeren Prospekt besessen haben. Die bleibende Freundschaft mit Béla begann 1951, als er mir meine «Minima Moralia» zurückbrachte, die Jake ihm – die beiden waren in Musik und Büchern schon längere Zeit im Konnex – vor kurzem ausgeliehen hatte. (Eine Spezialität von mir, wohlgeübt im Schnorren sogenannter Remittenden bei Suhrkamp und Fischer in Frankfurt, war ein Bauchladen in der Sparte Horkheimer und Adorno, von der «Dialektik der Aufklärung» bis zu den «Prismen»). Im Gegenzug durfte ich daraufhin im Institut am Täubchenweg 2c bestaunen, wie das ist, wenn Béla Obacht gibt auf die Musik und auf den Kosmos hinter ihr. Wie mir sofort ins Auge fiel und nicht ins Ohr, war Bélas wahres Element und Elixier der Anblick und Besitz von Büchern – zumal ja auch jeder Zugang zur Musik (sofern sie nicht gerade eben zum Ertönen gebracht wird) wieder nur über Notenpapiere führt. Kurzum, mein Atem stockte vor der schier unglaublichen gespenstischen Gewalt dieser holterdiepolter zur Höhe gestapelten, geradezu wolkenkratzenden Bücherstöße auf sämtlichen freien Stühlen in seinem Assistentenbüro. Nochmals fassungsloser und überwältigter fand ich mich später wieder vor seinen in ungeahnte Disziplinen und Weltdomänen vordrängenden privaten Bücherschätzen. Kein Wunder, daß es hieß, er müsse öfters auch noch gegen 3 Uhr in der Nacht, in aller Eile an sein Stehpult gelehnt, in der gigantischen Überfülle und Vielfalt seiner Bücher blättern, damit er überhaupt wissen könne, was ihm an Wissen zu Gebote steht.

Insofern, wenn verlangt würde, Bélas Persönlichkeit aus einem einzigen Punkt mit einer Charakteristik zu belegen, die seinen Grundzug einfängt: vielleicht müßte dafür dieses weder Verloren-

noch Getriebensein zu kaum begrenzbarer Mannigfaltigkeit ins Feld geführt werden. Wie es scheint, sollte er alles mögliche, das mit den Sinnen irgend greifbar war, sehen und hören, auch riechen und schmecken und somit wissen und dann auch selber versuchen, vorführen und ausstellen können. Perplex und tief angerührt steht man vor diesem Kunterbunt an Interessen oder Haltungen, aufgespannt vom banalsten Alltag über alles nötige Geschäftige bis hinauf in den Zenith der Denkfiguren, Paradiese und Mysterien. Das eine Mal wird auf Auskunft bestanden, was das hier wohl für ein Haarwasser ist, für ein Champagner, Wildragout, Schlapphut, Tabak oder Regenschirm. Dann soll man zeigen, ob Roman Jakobson genauso gen Himmel und Erde schielen kann wie Jean-Paul Sartre. Als nächstes will er vor dem Plattenstapel mit Gesualdos Madrigalen erfahren, wie raffiniert dieses Quintetto Italiano von seinem Angelo Ephrikian dressiert wird. Ganz zuletzt sollte man schleunigst aufs Papier werfen können, was die Chaostheorie für Gleichungen verlangt für diese verrückte Mandelbrotmenge mit ihrem Farbenrausch hier auf dem Monitor. Und immer wieder fehlt es an Büchern oder an Musik: mal Henzes «Musik und Politik», mal «Exiled in Paradise» von Heilbut, mal «Wittgensteins Wien» von Janik und Toulmin, mal «Der Zwerg» von Zemlinsky oder die 6. Symphonie von Karl Amadeus Hartmann. Bélas Geist und Gemüt in Gänze bilden inzwischen ein schon längst nicht mehr aufdröselbares Geflecht an Grundeinsichten, Wissensgewimmel und Querverweisung, aber auch Stichwörtern, Parolen, Phrasen, Zitaten, Zitaten in Zitaten, Gesten, Rollen, Masken und Gesichtern. Das geht von Lieblingswörtern *abominabel, insistieren* oder *prätendieren* über Devisen *Pferde sind die Überlebenden der Helden* (R. Wagner) und Schüttelkalauer *Freund Béla ist vor Krisen wund wie einstmals nur der Wiesengrund* (E. Klemm) bis zum Glückwunsch 1956 an mich, vierseitig durchkomponiert in der monologischen Merksatz-Rhetorik aus André Gides «Paludes». Zuweilen mußte Béla einfach ausprobieren, wieviele diverse Wesen sich bereits durch ihn allein erschaffen lassen, etwa am Spiegel bei mir, wo er, von unten schräg ausgeleuchtet, kaum abzuhalten war, immer auch noch die nächste von Schatten konturierte wilde Fratze auszutesten – eine unabsehbare flüchtige Galerie, hinter deren Kühnheit selbst die frappierenden Kolonnen an Selbstporträts von Schönberg verblassen mußten. Genauso versessen war er stets auf seltene verbale Trouvaillen wie *darob, zuvörderst, obzwar, just* oder *obendrein*, um seine Reden zu würzen. Zuweilen erhielt man von ihm auch Wörter mit List *implicite* zum Geschenk: beiläufigst dahingesagt *Übrigens hat mir gerade mein Buraliste erzählt* – mit dem erhofften Einwurf *Was heißt hier ‹Buraliste›?* – und genüßlichem Auskosten der Wirkung *Jeder weiß doch, was ein ‹Buraliste› ist.* Natürlich war man auch umgekehrt darauf aus, ihn mit ähnlich hinterhältigen Arabesken zu verblüffen. Noch Neujahr 1991 wollte ich sein untrügliches Latein und Sprachgefühl mit dieser Sammlung von Partikeln *dudum, exinde, nempe, quippe* und *topper* in Versuchung führen (die er dann freilich nicht einmal mehr *nicht* gebrauchen konnte). Schon frühzeitig hatte ich ihm – zur Überhöhung seines markanten Schnalzens, das direkt von Ernst Bloch entlehnt, falls nicht gar lizensiert war und auch bei Béla unabweisbare Bestätigung signalisierte – ein schnelles, auch schnell repetierbares Zurückrucken des linken Unterkiefers offeriert, das ganz pauschal als *Vorsicht! Obacht! Achtung!* zu gebrauchen war und eigentlich Ernst Grumach gehörte (den Béla leider nie zu Gesicht bekam), dem Altphilologen und Prägräzisten, meinem Lehrer an der Berliner Akademie, 1945 aus dem Untergrund befreit, 1967 verstorben. Jeder, der Béla noch gekannt hat, muß dieses Ruckzuck bei ihm bis ganz zuletzt in stetiger Aktion bewundert haben: Es hatte, genußvoll und dankbar akzeptiert, die Chance gefunden, auf seiner Miene nochmals für eine lange Weile zu überleben, indem es vollkommen eingegangen war in alle seine grundsätzlichen Konfirmationen von Ernsthaftigkeit und Begeisterung (und begeistertem Ernst, ernster Begeisterung, und so immer fort).

Bélas Freundesbande hatte (wie heute klar ist) ihre Vollständigkeit erreicht, als Uwe Johnson 1954 als Student aus Rostock nach Leipzig gekommen war, in unseren Seminaren Platz genommen hatte, mißtrauisch die Leute abzuschätzen begann, eines Abends mit mir ein Bier trinken wollte und mir sodann in einem dieser Leipziger Brauhäuser (riesig, fast menschenleer, säuerlich riechend und düster) im tiefsten Bariton eröffnete, er habe einen Roman verfaßt, der könne ihn, wenn der Staatssicherheitsdienst davon erfahre,

Uwe Johnson, Juni 1958, Leipzig

leicht hinter schwedische Gardinen bringen. Stalin und der Stalinismus waren zum Glück schon ein Jahr lang tot, doch Schreiben über das unbestreitbar Ersichtliche war nach wie vor ein risikoreiches Geschäft, und Stalins Diktat, Dichter hätten in Zukunft zu sein die *Ingenieure der menschlichen Seele* (somit: garantiert ausgerichtet nach den Vorgaben auf dem Reißbrett von Partei und Staat), spukte weiterhin und wohl auf Dauer in den Köpfen. Jetzt endlich hatten wir nun also selber einen davon genau in unserer eigenen Mitte, den wir damit hochnehmen konnten, uns den Ingenieur der menschlichen Seele zu geben, aber auch bewahren mußten vor dem üblen Gerücht, er sei das exakte Gegenstück dazu. Dabei hatte keiner von uns eine Ahnung, daß er schon insgeheim daran war, den nächsten Streich zu führen, nämlich die «Mutmassungen über Jakob» auszudenken.

Das neue Mitglied Ossian wurde hochgemut begrüßt und hatte nichts dagegen, als eigenwillig und unbeirrbar, aber verläßlich zu erscheinen, hin und wieder auch als ein Riese im Nebel, doch stets als Riese rechtschaffen ohne Fehl und Tadel. Zu bestaunen waren bei ihm die stupende Vertrautheit mit den Modernen, etwa mit William Faulkner, dessen Originale von ihm auch mühelos aus dem Stegreif ins Deutsche vorgelesen wurden, und ebenso der widerspenstige Querkopf bei Durchsicht und Bewertung aller denkbaren alten oder neuen Literatur, der nach Verlesung seiner fertigen Analysen im Seminar eher unter Gleichmut zu erwarten pflegte, was ihn erwarten sollte: der offen bekundete Respekt seines verehrten Lehrers Hans Mayer und der schnell alarmierte Verdacht des hellhörigen Parteivolks. Wenn man einmal kurz absieht von seiner musikalischen Natur – sein düsterer Gesang *Ein Geiger geigt* war stets herzbewegend, doch der Cool Jazz in der Art des Gerry Mulligan paßte als die frechere Musik weit besser zu ihm –, bedeutete die Ankunft dieses Ossian einen in jeder Hinsicht famosen Gewinn: als hochgescheiter Kopf und Disputant und nicht zuletzt als Zerberus und Leibgarde unserer Gesittung. Ein Gleichmut, der sich auf sich verlassen kann, der darauf besteht, sich auch auf jeden sonst verlassen zu können, und gewohnt ist, auf welchen Stand der Dinge sich der normale Lauf der Dinge zubewegt, ist ohnehin eine Institution. Also dauerte es nicht lange und Ossian war unsere erste moralische Instanz. Er mußte sich lediglich, aus schierer Größe, im ganzen leicht nach vorne beugen, ein wenig die Schultern hängen und die Arme baumeln lassen, den Kopf ein Stück zur Seite neigen, dazu die Augen, in Erwartung des üblichen Mangels an Zutrauen und Verständnis in der Welt, nur einen Schlitz weit verengen, die Lippen schürzen und dann schließlich – an dich oder mich, aber am ehesten denn doch an Béla gewandt – in stark verminderter Tonart einen sehr langsamen Satz dahersagen etwa des Sinnes *Aber hast du denn das nicht selber kommen sehen* oder *Bisher hast du doch immer das Gegenteil behauptet* oder *Weißt du eigentlich, daß ich dafür deine feste Zusage hatte*, und schon waren dir die Leviten gelesen. Voller Geduld und im Bewußtsein des zuverlässigen Regelwerks jeder ordentlichen Geselligkeit hielt Ossian uns alle recht gut im Zaum mit dieser ausgefuchsten Mixtur von Vorwurf und Nachsicht und den dazu jeweils mehr oder minder

Uwe Johnson als Fotograf, Leipzig, Juni 1958

passenden Realitäten im Rücken. Unvergessen, wie einmal eine (im Stimmengewirr der vereinigten Freundesbande als verrücktes Phantom herumirrende) Titelei «Das blaue Auge» von einem ebensolchen Phantom Klaus Brecht ausgerechnet an Béla hängenbleiben sollte, was schnurstracks die scheinbar bitterlich resignierte Abmahnung von Ossian hervorrief *Das Buch gibt es zwar nicht, aber natürlich, Béla, – Du hast es!*

Als Schlußstein dieser Vorstellung ist gut vorstellbar: Daß Béla unverdrossen dagegenhält *Und was, bitte!, wenn ich es hätte? Willst du es etwa mal sehen?*, dabei ganz locker in den Sessel geräkelt, den Kopf schräg nach hinten gelehnt, die Hand am Kinn, entweder mit scheinbar geringschätziger und unversöhnlicher Miene oder mit tatsächlich durchtriebener, aber hochvergnügter Miene, das Ganze deutlichst bekräftigt durch doppeltes Ruckzucken der Kieferpartie. Sittenbilder von derartiger Schönheit, Prägnanz, Emphase und Kurzweil müssen die Johnsonsche Erinnerung und Sehnsucht bevölkert haben, als ganze dreizehn Jahre später die beiden Reisen nach Leipzig angetreten wurden, und haben dann wohl, frisch enthusiasmiert, erst recht den verständnisvollen, ironisch ausgekochten Grundgestus der Reiseberichte bestimmt, wozu auch bestens paßt, worauf die Briefstelle von Ossian (im Nachtragsbrief vom 1. Dezember 1972) hinauswill: *Vielleicht weiss Béla nicht, worüber wir denn lachen [...] Fast fürchten wir, dass er in einer schriftlichen Aufzeichnung seiner Aufführungen nicht die mentale Zärtlichkeit erkennt, die doch ihr Sporn ist, und bitten euch um vertrauliche Behandlung.* Woran man sieht, daß es nichts gab, was Béla den festen Platz in unser aller Herzen – als Schlüsselfigur, Drahtzieher oder Hahn im Korb, kurz: als *Vereinsgott* – jemals noch nehmen konnte.

Gottseidank müssen Gespanne von guten Freunden nicht Stammtisch, Gesangverein, Geheimbund, Dichterkranz oder sonstiger Klüngel sein. Was die fünf Leute angeht, von denen die Rede ist, so haben sie sich jedenfalls nie als wohlsortierte Blütenlese in Rondoform, schön aufgereiht in Harmonie und Variation, verstanden. Keiner hat je gefragt, wer eigentlich so alles als wir alle zu gelten hätte, eingeschlossen die Frauen Sabine Baumann, Elisabeth Schmidt oder Brigitte Zeibig, Anrainer wie Manfred Reinelt (der Pianist), Manfred Taube (der Tibetologe), Ulrich Unger (der Sinologe) und jeder sonst, der beim einen oder anderen dabei war. Sofern da überhaupt etwas als besonders wahrzunehmen auffiel, dann bestenfalls verwundert als naturwüchsiger Glücksfall. Wohl deshalb hat Jake unsere muntersten Jahre von 1950 bis 1960 später einmal – mit der Brille des Ethologen vor Augen – als unwahrscheinliches kurioses Fenster einer sozusagen Lorenzschen Prägung angesehen. Danach wären wir ein kunterbunter Trupp von Graugänsen gewesen, freilich erstaunlich günstig ausgewürfelt für wechselweise Nützlichkeit: Béla zuständig für die Musik und als Quickborn für Gedankengänge querweltein, Ossian für Poesie und das Prinzipielle in Humanität und Sittsamkeit, Jake für Abstraktion samt Steigerungen bis zur Theoriegestalt hinauf, James für alles Kunstvolle und das Aufreißen der Einblicke ins Unerkannte, schließlich ich selber – soweit ich das hier einzugrenzen vermag und überhaupt im Spiel bin – für die Liebe zu den Wörtern, allfällige Einfälle und mögliche Gegenwelten, weshalb es übrigens (mit Ausnahme von Béla, der immer schon den Namen hatte, den er nun einmal hatte) jedesmal auf mich zurückging, wenn wiederum ein James, Jake oder Ossian im Nu seinen *James, Jake* oder *Ossian* davontrug.

Hierzu gehört, daß meistens auch durchaus nicht evident war oder besprochen oder gar ausgemacht, was auf der Tagesordnung anstand: ein Palaver, Disput, Exkurs in allgemeiner Revueform (und deshalb sowieso nicht gesondert zu erwähnen), eine Erkundung auserlesener Metaphysik, Verhandlung politischer Übelstände, Erlauschen symphonischer Großtaten oder reineweg Vergnügen, Jux und Tollerei und alles mögliche dazwischen. Aktengesichert ist, wie Béla (am 8. Januar 1958 aus Zwickau) mir eine Depesche voller Wehklage unserer *fürchterlichen, nicht endenwollenden, perennierenden Diaspora* (in Berlin, Güstrow, Leipzig und Dresden) zukommen läßt, daher dringlich eine sofortige *Assemblée aller Heils-Freunde an einzigem Ort* beschwört und, um solchem Stelldichein die höchste Erhabenheit an Sinnstiftung zu sichern, wieder den großen Ernst Bloch herbeiruft, den er daraufhin mitten durch sich hindurch als wildestes Angebot für das Programm verkünden läßt: *Ausstellung der Hallelujahmädchen, großer Feuer- und Schwefelgalopp, Herabkunft des Teufels um 11 Uhr, Abfeuern der großen Golgathakanone um Mitternacht* (und was alles sonst noch ankündbar wäre zwischen dem «Prinzip Hoffnung», der Heilsarmee und Brechts «Lied der Seeräuber-Jenny»).

Genaugenommen war dies das altbewährte Programm aller Zusammentreffen, wenn Béla zur stetigen Unterhaltung seiner Freundesbande geladen hatte. Eine *Ausstellung der Hallelujahmädchen* ist immer leicht erfüllbar etwa mit einer Darbietung von Mahlers Dritter, also dem Augenblick, da Frühlingseinzug und Kuckucksländler lange verklungen sind und jedes tiefere Erschauern über die Mahnung *O Mensch! Gib Acht!* hoffnungslos untergeht im schrill anhebenden Gebimmel und Gebammel dieser sogenannten Englischen Stimmen. Ähnliche Wonnen treten ein, wenn mir – wir waren beim Flanieren und Parlieren durch Leipzigs Johannapark – der plötzliche Einfall kommt, uns alle auf der Stelle miteinander (und ohne Rücksicht auf Murnaus großes Vorbild von 1926 oder Quadflieg samt Gründgens) zu einem «Faustfilm» zu animieren, besetzt mit, natürlich, Béla als Faust, Elisabeth Schmidt als Gretchen, Jake als Hund und Mephisto, Ossian als Ofen und Dom und mir nebenher als Marthe. Standfotos davon werden noch heute gern vorgezeigt. Die Krönung ist, wie Béla einst dazu kam, zum Geburtstagspräsent für Jake zu werden, durch Ossian und mich: wie wir anhalten vor Jakes Haus, Packpapier ausbreiten auf dem Gehsteig, dies mit Béla belegen, diesen einwickeln in jenes, die Rolle verschnüren sowie schultern, geschultert zu Jakes Schwelle tragen, die Klingel rühren und Béla endlich Jake aushändigen als die kostbarste Gabe, die er überhaupt je empfangen durfte.

Der Menüpunkt *großer Feuer- und Schwefelgalopp* macht sich immer bestens zum Austausch der letzten wüsten universitären Tatbestände, so etwa hochvergnüglich, was Bélas persönlicher Professor Walter Serauky abermals für kühne Lehrsätze über Traubenzucker und Temperaturen ersonnen, wie Jakes und mein gemeinsamer Großgermanist Theodor Frings sich wieder einmal als der letzten Könige einer gewähnt und weshalb unser aller Hans Mayer (freilich erst nach der Gewagtheit einer hinreißenden Vorlesung über Paul Valéry, dessen «Monsieur Teste» und intellektuelle Hermetik) im Zorn gegen unbotmäßiges studentisches Gewisper den wutentbrannten Bassa Selim dargeboten hatte; oder aber empört, entsetzt und tief entmutigt, als eine Kohorte seiner eigenen Studenten sich

«Faustfilm», Leipzig, Juni 1958: fotografiert von Klaus Baumgärtner und anderen Beteiligten.

Klemm als Faust in der Studierstube, letztere dargestellt von Elisabeth Johnson und Manfred Bierwisch

Studierstube, Klemm als Faust, Johnson als Ofen, Bierwisch als Pudel (Mephisto)

Gartenszene, Baumgärtner als Marthe, Bierwisch als Mephisto (hinteres Paar), Elisabeth Johnson als Gretchen, Klemm als Faust (im Vordergrund)

Szene vor dem Dom, Bierwisch als Mephisto hinter Johnson als Dom, Klemm als Faust, Elisabeth Johnson als Gretchen

Osterspaziergang, Klemm als Faust, Johnson als Wagner

Vor Gretchens Tür, Faust ersticht Valentin. Bierwisch als Mephisto, Klemm als Faust, Johnson als Valentin

anmaßt, in Ernst Blochs Vorlesung einzudringen, sie mit Tumult zu sprengen und damit ein für allemal mattzusetzen; oder aber ungläubig belustigt von den Trauben fassungsloser, in Tränen aufgelöster parteifrommer Mitstudenten im Hörsaal morgens nach der Nachricht von Stalins Tod (während von allen Ecken, Gassen und Plätzen unaufhörlich dieser arme Trauermarsch von Chopin erschallen muß).

Zur *Herabkunft des Teufels um 11 Uhr* gehört als kritisches Sprungbrett, was anfangs über die nur schwer abschätzbare Zukunft auf vielerlei Landkarten zu sagen war. Wir Bürger auf der Straße damals sahen von willkürlich herrschenden Apparaten immer neue undurchsichtige Maßregeln über uns verhängt. Also trieb uns alles um, was gerade gut oder ungut in der Luft lag. Was haben wir jede neue Nachricht darauf geprüft, worauf es hinauslaufen könnte mit den beiden verfeindeten deutschen Staatsgebilden und ihren jeweiligen, meist beängstigend ungeklärten inneren Umständen, und was haben wir uns stundenlang die Köpfe heiß geredet und fortwährend neu durchexerziert, wenigstens dem Staatsgebilde, in welchem wir nun einmal saßen, vernünftige Raster einzuziehen: ständige Rotation aller Funktionen, effektive Konkurrenz wirklicher Parteien, öffentliche Kontrolle staatlichen Handelns, Anwendung der lauthals verkündeten hehren marxistischen Postulate endlich auch einmal auf diese autoritäre bis totalitäre Wirklichkeit selber – eine endlose erregte Diskussion in unserer eigensinnigen, wohl oft auch hausbackenen, höchst privaten und komplizenhaften Vorschule und Primarstufe der Demokratie.

Ein *Abfeuern der großen Golgathakanone um Mitternacht* ist zuguterletzt als eröffnet anzusehen, sobald auf dem Plattenteller, von Béla aus seiner reichsten Lade mit leichter Hand beschickt und angeschoben, außerdem angefeuert mit bestem polnischem Büffelgraswodka, vielleicht ein herziges Intermezzo von Telemann und Janáceks scharfes Concertino für Klavier und Kammersolisten stampfend aufeinander loszuscheppern begonnen haben, halbverloren ineinanderplatzen und in ihrem Akkordgehämmer in ein Tohuwabohu verfallen, in dem gerade noch die splitternden Bruchstücke vom Toben eines umherwirbelnden Veitstanzes vernehmbar sind: Pimpinone, der ich bin. *Pimpinone, der ich bin. Pimpinone, der ich bin,* was einfach bedeuten sollte: Jetzt zur Mitternacht war der Gipfelpunkt an glücklicher Enthobenheit erreicht. Wie wohl überhaupt dieses ganze Vielerlei an Facetten nur noch verstehbar ist, wenn man unser enges Miteinander zu sehen versucht in der unablässigen Überkreuzung einer kruden, oftmals Angst machenden politischen Alltagswelt (mit der man nur fertig wurde, wenn man ihr ständig Alternativen entgegenhielt), einer unabschätzbaren endlosen Erkundungswelt nie und nimmer aufzubrauchender Brocken und Gestalten von Szenen, Wörtern, Klängen oder Bildern sowie – wann immer möglich kreuz und quer dazu – der ständigen Unterstellung (scheinbar meistens bloß zum Spaß, Vergnügen und zur komischen Überraschung) vielfach gebrochener, enthobener und auch verrückter Realitäten – all das zusammengenommen zuletzt und im Effekt der vielen leichtgefügten Entwürfe von Positionen, Rollen, Haltungen, Chimären ein grundsolides Puzzle, das von Bélas verschmitzten Possenkapriolen und obstinaten Anspruchsgesten bis hin zu Ossians Verkleidungen in formelle arrogante oder subalterne Geschäftlich- und Behördlichkeit geradezu ganze Netze von wechselseitig verläßlichen Lebensgewißheiten hinterlassen hat. Was für ein Jammer und ein Schade, daß dieses vollkommene Mosaik, von *Vereinsgott* bis *Revueform,* von den Kuriositäten unter *Hallelujahmädchen* bis zur Quintessenz unter *Golgathakanone*, nie als eigentliches Urexemplar und Nullmodell eines Rechenschaftsberichts ausgefertigt worden ist, diesmal meinetwegen sogar höchst offiziös von (alle Zitate brieflich belegt, also wieder kursiv): *JOHNSON & JOHNSON, INC./ANSTALT FÜR FEINE UND GROBE SCHREIBARBEITEN*, darunter die Werbung *Wir dürfen nicht vergleichen, tun Sie es!*, gewidmet mit den vier Zeilen *Herrn Baumgärtner/zur Erinnerung/sein Hausdichter*/von Hand *Ossian*.

[10.09.2001]

Editorische Notiz

Die vier Briefe von Uwe Johnson, die ersten drei vom November/Dezember 1972, der letzte vom Januar 1974, befinden sich im Besitz von Sabine Baumgärtner. Sie und Klaus Baumgärtner waren die Adressaten der Briefe. Fast dreißig Jahre nach deren Entstehung bereitete Klaus Baumgärtner die Publikation vor und schrieb ein ausführliches Nachwort, abgeschlossen im September 2001. Sie erscheint nun, zum siebzigsten Geburtstag von Uwe Johnson und zwanzig Jahre nach seinem Tod, im Herbst des Jahres 2004.

Diese Ausgabe hält sich in Orthographie, Interpunktion und Textgestaltung an das überaus sorgfältig geformte Typoskript der Briefe. Handschriftliche Zusätze, Korrekturen oder Kommentare Uwe Johnsons werden im Faksimile neben den entsprechenden Textstellen dokumentiert (mit Ausnahme kleinerer, Tippfehler oder Trennungen betreffende Korrekturen).

Ebenso beibehalten wurde das Editionskonzept von Klaus Baumgärtner. Er beschränkt sich in seinem kleinen Glossar auf das Notwendigste (eine Aufschlüsselung aller Anspielungen, genannten und nicht genannten Personen oder Institutionen hätte einen angemessenen Rahmen gesprengt) und konzentriert sich in seinem fulminanten Begleittext auf den biographischen, atmosphärischen und historischen Hintergrund dieser Briefe: auf den Leipziger Freundeskreis Mitte bis Ende der fünfziger Jahre, auf «Leipzig als Lebensform», auf den ungewöhnlich kreativen, sich fast kabbalistisch gegen das realsozialistisch Genormte abgrenzenden Kreis junger Menschen, die sich auf selbstbestimmte, neugierige Art der Literatur, der Kunst und der Musik nähern. Die hingebungsvolle, fast artistische Lust am Erfinden, Fabulieren, am Ungewohnten und Kuriosen, die in diesem Kreis dominierte, findet sich in den Formulierungen der Briefe ebenso wieder wie im Nachwort Baumgärtners.

Die Briefe gehen aber über die Erinnerung an prägende Jahre und die Wiederbegegnung mit dem »übriggebliebenen« Kreis der Leipziger Freunde hinaus: selten sind die Anmaßungen und Zumutungen eines ebenso monströsen wie kleinkarierten Staatsgebildes namens DDR so kondensiert, so komisch und gleichzeitig vernichtend dargestellt worden wie hier.

Rainer Nitsche

Der Verlag dankt für Unterstützung heftigster und angenehmster Art: Dr. Sabine Baumgärtner, Prof. Dr. Manfred Bierwisch und Dr. Erdmut Wizisla; für allerlei Vermittlungen: Raimund Fellinger; für die Abdruckgenehmigung der vier Briefe Uwe Johnsons der Peter Suhrkamp Stiftung.

Die hier im Innenteil reproduzierten Fotos stammen aus dem Bestand Sabine und Klaus Baumgärtner.

Uwe Johnson (1934-1984) gilt als der wichtigste deutschsprachige Autor der zweiten Hälfte des 20. Jahrhunderts. *Klaus Baumgärtner* (1931-2003), Literaturwissenschaftler und Linguist, studierte wie Uwe Johnson in den fünfziger Jahren u.a. bei Hans Mayer in Leipzig und gehörte mit seiner Frau *Sabine* zum engeren Freundeskreis von Uwe und Elisabeth Johnson; nach seiner Flucht 1961 war er zunächst Assistent bei Walter Höllerer in Berlin, dann Professor für Linguistik in Stuttgart.

«Ein historischer Fund der Extraklasse, sinnig-wortkarg bis dandyhaft. Auch äußerlich ist der schlanke Band makellos schön gelungen.»

Johannes Saltzwedel, Der Spiegel

«Ein zeitgeschichtlich und biographisch spannendes und zudem exzellent gestaltetes Buch, ein Kleinod im Angebot der deutschen Verlage.»

Dunja Welke, Deutsche Welle

Erdmut Wizisla (Hg), 128 Seiten, 47 sw-Abbildungen und Faksimiles, gebunden, fadengeheftet. ISBN 3-88747-175-X